BIBLIOTHÈQUE DES CHEMINS DE FER

VOYAGE
A
TERRE-NEUVE

PAR

LE COMTE A. DE GOBINEAU

Premier Secrétaire d'ambassade

PARIS
LIBRAIRIE DE L. HACHETTE ET Cie
RUE PIERRE-SARRAZIN, N° 14

1861

PRIX : 2 FRANCS

VOYAGE

A

TERRE-NEUVE

PARIS. — IMPRIMERIE DE CH. LAHURE ET Cie
Rues de Fleurus, 9, et de l'Ouest, 21

VOYAGE

A

TERRE-NEUVE

PAR

LE COMTE A. DE GOBINEAU

Premier Secrétaire d'Ambassade

PARIS
LIBRAIRIE DE L. HACHETTE ET Cᵢₑ
RUE PIERRE-SARRAZIN, Nº 14

1861
1860

VOYAGE
A TERRE-NEUVE

CHAPITRE I.

La traversée.

Les anciens personnifiaient tout : vices, vertus, actions, pensées, fleuves et montagnes. Aucune idée ne se trouvait sans un corps à sa portée que, bon gré mal gré, le goût d'alors lui faisait revêtir. C'était une population fantastique en promenade perpétuelle à travers les imaginations humaines. Si l'on voulait aujourd'hui se conformer à cette mode qui n'est ni pire qu'une autre ni plus déraisonnable, on pourrait dire que rien ne s'y prête mieux que l'idée des différentes régions de la terre. Par exemple, l'Indoustan, fastueux dans sa végétation, opulent dans ses édifices, merveilleux dans son ciel, majestueux dans ses fleuves, mais amolli par tant de magnificences, et ayant à peine la force de les porter, se représente aisément à la pensée, sous l'aspect du jeune Bacchus indien, à la chevelure noire, bouclée et parfumée, surchargée de pampres, voilant son corps efféminé sous une peau de panthère, soutenant, plutôt qu'il ne l'agite, son thyrse d'or; succombant, ployé sous une ivresse endormie.

L'Égypte sera bien rendue par le sphinx accroupi au bord du Nil avec son beau visage de femme, ses yeux à fleur de tête qui interrogent, sa bouche muette et voluptueuse, son air sévère; on verra la féconde Germanie, exprimée par une belle et forte matrone aux riches couleurs, à la chevelure blonde, aux yeux bleus, à l'air résolu et confiant, et en poursuivant toujours cette fiction, on ne pourra y ramener les régions boréales de l'Amérique que sous les apparences d'un enfant faible, maigre, pauvre, un peu triste, aux yeux inquiets, sans grande beauté, mais au moins avec le charme de son âge.

Seulement, ce n'est que de la nature physique qu'il est question ici; car bien que les Européens d'Amérique aient la prétention d'être devenus des peuples nouveaux par le seul fait d'une habitation de quelques jours à bord des paquebots qui les ont emportés loin de leur ancienne patrie, il y aurait beaucoup à dire sur ce prétendu rajeunissement. Quant à la nature matérielle, quant au sol indigène, c'est bien par cet air d'enfance qu'il frappe d'abord l'esprit.

Tous ces pays semblent vraiment être nés d'hier. La brume du chaos les environne encore. Le soleil ne se doute pas qu'une région ait surgi du sein des eaux, car il ne regarde pas de ce côté. La pluie tombe sans prendre souci de cette matière qui n'est pas encore de la terre, qui à peine est devenue de la tourbe; hier, c'était un marais, avant-hier, un océan. On s'attend presque à voir sortir des touffes d'herbes répandues çà et là au bord des sables humides quelques-uns de ces animaux géologiques qui, en bonne foi, y devraient existor.

Il est vrai que cette jeunesse ne remonte pas aux premiers âges de la planète. Dans les entrailles de ces terrains, le temps a laissé les archives d'un long passé. On y retrouve gravé sur la pierre les annales complètes d'un règne de fougères, d'animaux des tropiques, de poissons disparus. On y apprend, comme ailleurs, par les documents authentiques que la nature seule a su écrire et conserver, qu'à telle heure inconnue de tel jour ignoré de l'année enfouie sous un amas de siècles perdus, une pluie d'orage est tombée par grosses gouttes sur un rivage situé on ne sait où, car Dieu seul connaît le chemin que ce fragment, trouvé par les mineurs à quelques cents pieds sous terre, a pu faire pour venir se ranger là! Sur cette plage, à mesure que la pluie tombait, la vague montait en étendant du sable fin et conservait les stigmates des gouttes d'eau, et avec elles, la rude et brusque empreinte d'un pas de bête sauvage qui nous révèle que la vie organique a respiré là à la même heure où tombait la pluie. Ainsi toute cette nature si jeune repose sur un fond aussi vieux que celui des autres régions; mais, cependant, il est bien manifeste que la dernière transformation ne date pas de loin, et que si l'on n'a pas sous les yeux un monde naissant de toutes pièces, au moins on peut se laisser aller, sans grande chance d'erreur, à reconnaître une nouvelle forme récemment essayée, à peine ébauchée, et qui ne sera à sa maturité qu'après des siècles à venir.

Encore une fois, ce n'est pas beau, et les pages qui vont suivre n'auront pas les ressources de bien brillantes descriptions. Mais, est-ce laid? Est-il rien de laid dans la nature? Tout y a un sens, partant une beauté.

Le Gassendi, aviso à vapeur de guerre était en rade de Brest vers la fin d'avril de l'année dernière et allait partir pour se diriger vers les régions dont l'idée générale vient d'être esquissée. A parler d'après l'avis des gens du métier, *le Gassendi* n'est pas ce qui peut s'appeler un beau navire. Il est très-vieux, construit d'après un système démodé, encadré dans deux gros tambours contenant des roues énormes, fort méprisées des adeptes de l'hélice, et il ne jouit pas d'une haute réputation sous le rapport de la marche. Au point de vue militaire, il n'est pas très-respectable, ne possédant que six canons, et, par conséquent, son encolure est plus pacifique qu'il ne conviendrait à son état et que les officiers chargés de le conduire ne le souhaiteraient. Il a plutôt l'air d'un honnête bourgeois allant paisiblement vaquer à ses affaires que d'un fringant soldat agitant les couleurs de sa nation. Sans prévention, on ne saurait certainement méconnaître, en le voyant, la physionomie la plus débonnaire du monde, et c'est un bâtiment qui, on est en droit de le penser, est incapable de faire le moindre mal à personne. Mais, maintenant que tout ce qui peut être allégué contre lui vient d'être articulé, il ne reste plus qu'à en dire aussi tout le bien qu'il mérite.

Le nom qu'il porte, pour commencer par le commencement, est, de l'avis de beaucoup de gens, une énigme. Les érudits préférant toujours, suivant leur usage, les explications les plus compliquées, ont prêté à la marine française le pieux désir d'honorer la mémoire du philosophe Gassendi, le maître de Molière, auquel personne ne songeait plus guère de nos temps; à tort, sans doute, mais le mal était fait et si bien fait que, n'en déplaise à ces abstracteurs de quintessence, leur explication ne vaut rien. S'ils avaient pris le soin de se faire conduire en canot sous l'avant du navire et d'y passer quelques heures en méditation, contemplant face à face le buste du génie familier donné au bâtiment, ils auraient remarqué que ce buste ne porte point une extravagante perruque à la Louis XIV, mais bien cette sage chevelure frisottante en usage vers 1800. Ils auraient observé une cravate régulièrement arrangée d'après les sévères principes de Brummel, et forts de ces remarques, ils se seraient rejetés sur les almanachs spéciaux du commencement du siècle, et auraient trouvé enfin dans cette poussière le nom glorieux d'un savant quelconque dont la renommée a d'ailleurs été rejoindre celle de l'ancien Gassendi, sous le poids d'une négligence bien condamnable. Mais, tandis que les critiques discutent le problème, résolus à ne pas céder un pouce de leur opinion, les matelots tranchent la difficulté par une argumentation qui ne laisse pas que d'être serrée : Est-ce là un bateau à vapeur? disent-ils. Oui, certainement. Qu'y a-t-il de plus remarquable dans un tel navire, c'est assurément sa force de propulsion? Donc vous parlez mal en disant *le Gassendi;* c'est le *Quatre cent dix* qu'il faut dire.

A la vérité, la force susdite n'est que de 160, mais on n'arrivera jamais à rien de sûr si l'on y regarde

d'aussi près. Quoi qu'il en soit du nom et en gardant
l'orthographe la plus admise, *le Gassendi* reprend
tous ses avantages, lorsqu'on le considère au point
de vue du séjour qu'on y doit faire. Son arrière est
bien dégagé. On peut s'y promener aussi à l'aise et
aussi au large que sur un vaisseau. Sa dunette, vaste
et commode, offre deux jolis réduits et un salon
très-gai. En bas, les appartements du commandant,
les chambres des officiers, entourant un carré ou
salon commun, sont aussi habilement appropriés à
l'usage de leurs habitants qu'il a été possible de le
faire, et on y vit confortablement.

Au milieu du navire, on a placé les cuisines ; à
droite, celle du commandant, à gauche, celle de l'é-
tat-major, puis celles de l'équipage, et ensuite se présente l'avant, place publique des marins et le faux
pont où l'on couche. A tous les points de vue civils
et purement humains, indépendants du point d'honneur, *le Gassendi* est donc un aimable bateau.
A Dieu ne plaise, que ceux qui ont habité sa dunette, qui y ont passé tant de bonnes soirées, qui y
ont causé, discuté, ri et joué aux dames, voire
aux échecs, en médisent jamais ! Du moins pour les
temps où on était au mouillage, ou bien pour les
jours de traversée où l'on avait belle mer et beau
temps, car pour les autres.... mais, après tout, en
quoi était-ce la faute du *Gassendi* ? Et d'ailleurs, *le
Gassendi* est respectable par le mauvais temps comme

par le beau soleil. Ce n'est pas assurément un de ces coureurs effarouchés comme *l'Ariel*, par exemple, qui, dans sa course indiscrète et échevelée, rend des points aux marsouins, et file sans se soucier de tenir son équipage sous l'eau jusque par-dessus la tête, à chacun de ses élans ! *Le Gassendi* va lentement, sagement, mais va toujours. Ni la mer, ni le vent ne lui font peur, et il sait prendre les moments difficiles comme un brave garçon qui n'a peut-être pas de forfanterie, mais qui ne manque pas d'infiniment de tenue.

Le Gassendi, tel qu'il vient d'être décrit, portait le guidon de M. le marquis de Montaignac de Chauvance, capitaine de vaisseau, nommé récemment au commandement en chef de la station navale de Terre-Neuve. Cet officier supérieur exerçait là le premier emploi de son grade depuis que devant Kinburn il avait commandé, comme capitaine de frégate, la batterie flottante *la Dévastation*, et pris à la conquête de la place une part si grande. Il était cette fois chargé de fonctions bien différentes et toutes pacifiques ; il devait protéger nos pêcheurs de Terre-Neuve et en quelque sorte :

Partager un brin d'herbe entre quelques fourmis.

A la veille du jour où l'on allait lever l'ancre, par une belle nuit, une aurore boréale se montra dans le ciel. Ce n'est pas une apparition très-commune sur les côtes de France, et pour un esprit réfléchi, il y avait bien lieu de méditer sur ce qui pouvait être un présage ; car Terre-Neuve est une terre classique pour ce genre de phénomène. Que devait annoncer le météore? Était-ce une bienvenue? Était-ce une menace? Comme les devins étrusques n'habitent plus Brest, il fallut partir dans l'incertitude.

La sortie du goulet fut la plus jolie chose du monde. Les rives défilaient rapidement derrière le navire. Il faisait assez froid, mais beau. Le ciel était bleu dans l'ouest et le vent ce que l'on pouvait souhaiter. Après quelques heures, le pilote descendit de la passerelle, sauta dans son bateau, *le Gassendi* fut livré à lui-même ; graduellement, rocher par rocher, ligne par ligne, la terre s'effaça, les derniers oiseaux disparurent et le bâtiment se trouva seul, en tête-à-tête avec la mer.

Les gens qui ne se sont jamais embarqués, apprendront avec intérêt, et les profanes qui se sont aventurés sur l'humide élément, se rappelleront sans doute que ce n'est pas le jour du départ qui est caractéristique, mais le lendemain. Pendant les premières heures tout dépayse, tout étonne, et pourvu que, maritimement parlant, on ne soit pas trop mal doué par la nature, tout est distraction et amusement. Le nombre des flots, les rivages qui s'éloignent, la moindre manœuvre, un commandement, un homme qui passe, tout occupe l'esprit. Mais quand une nuit a passé sur ces menues surprises, elles sont émoussées et il faut d'ailleurs, commencer à vivre d'une façon plus positive. On se réveille, au milieu d'oscillations qui ont déjà assez duré pour avoir usé leur premier charme. On commence à se faire une expérience des diverses impulsions du roulis et du tangage, et on se demande comment on va arranger sa vie.

La méditation navale a cela de particulier, qu'elle n'a pas pour auxiliaire ce repos complet que, sur le terrain solide, les philosophes de toutes les écoles s'accordent à louer comme le plus utile auxiliaire de la réflexion. En supposant que l'on soit capable de concevoir les plus sublimes pensées touchant les plus hautes questions, il faut que ces fantômes illustres prennent leur parti de se manifester dans un cerveau ballotté dans tous les sens, et livré à une agitation qui ne s'arrêtera qu'avec le navire, non pas dans une heure, non pas demain, mais à la fin de la traversée.

Avec ce mouvement perpétuel concourt un tapage non moins constant et de nature double. Ce sont les bruits du bord, les cordages qui sifflent, la vapeur qui gronde, la trépidation continuelle de cet amas de planches secoué par les feux qu'il enserre dans ses flancs. Ce sont de temps en temps les exercices de danse d'un énorme canon que l'on vient de décharger pour un signal, et qui en témoigne sa satisfaction par des essais de haute voltige. C'est enfin cet horrible trémoussement qui, chaque jour, à l'aube, éclate dans tous les coins du navire, sous prétexte de propreté. Alors les cordes tombent par paquets en ébranlant les planchers, les seaux d'eau succèdent aux seaux d'eau lancés par cent bras vigoureux ; des cascades ruissellent de toutes parts avec un bruit épouvantable. Tous les tritons du lieu, jambes et bras nus, cheveux au vent, semblent autant de diables marins occupés à changer la position régulière des choses et à mettre la mer dans le bateau au lieu d'avoir le bateau dans la mer. Ce sont des moments qu'il faut savoir passer, et il est juste d'ajouter que le calme, en tant qu'il dépend des hommes, règne profond en dehors de ces moments de crise. Ce n'est pourtant qu'un calme comparatif et tout ce qui échappe à l'action de la discipline dédaigne de le conserver.

Les cloisons du navire se livrent à un perpétuel gémissement. Ces malheureuses planches pourraient être prises, chacune en leur particulier, pour autant d'âmes en peine. Elles ont mille manières différentes de grincer, de se plaindre, de pleurer, de geindre, et à cette mélancolique harmonie s'unit le va-et-vient de ce que renferment les tiroirs. Mille objets mal amarrés ou point amarrés du tout, surtout aux premiers jours du départ, se livrent par leurs agitations furieuses, à une protestation évidente contre la tyrannie qui leur a fait quitter la terre. De temps en temps, un bruit plus grave fait redoubler d'attention. C'est quelque livre, peut-être une bottine qui tombe découragée déjà de la planche où on la croyait en sûreté.

Avec le temps on s'accoutume à ce manége; mais à la première matinée, l'étude de ces bruits divers absorbe; on cherche à y découvrir un sens. On classe ses impressions. On rend à la cloison ce qui appartient à sa voix et aux tiroirs les bruits qui en sortent. On s'efforce de démêler ce qui vient du dehors de ce qui appartient au dedans. Étude vaste, et qui ne se termine jamais tant les bruits sont variés, étranges et inattendus. Le gouvernail du *Gassendi* était doué, entre autres, d'un organe tellement puissant, que tantôt on croyait entendre les aboiements d'une meute, parfois ceux d'un lévrier perdu, d'autres fois les plaintes d'une jeune captive soupirant au pied des saules de Babylone. Aussi, était-il question à tort de sublimes pensées tout à l'heure; au début principalement, l'esprit le plus hardi n'en saurait concevoir, c'est impossible, il n'y faut pas songer. On s'abandonne involontairement à l'analyse des choses extérieures.

Puis, aussitôt que, secouant la torpeur où plonge la conversation animée à laquelle on assiste, on est parvenu à se recueillir quelque peu, deux questions surgissent devant l'esprit : la première, quel temps fait-il? C'est un point intéressant à coup sûr ; il implique le présent et l'avenir tout entier. La seconde, comment réussir à s'habiller ?

S'habiller ! n'est-ce rien ? Est-ce une occupation qui n'exige ni adresse, ni courage, lorsqu'il s'agit de manier des instruments tranchants et redoutables, au moment même où l'on s'aperçoit que l'on aura peine à se tenir sur ses jambes ? S'habiller ! mais aux doux balancements que les objets de toilette décrivent dans les trous où ils sont prudemment enfoncés, on se demande comment ils feront pour retenir les ondes turbulentes qu'on essayera de leur confier. Se tenir sur ses pieds ! mais que font donc les chaises, les fauteuils, la table qui vous entourent ! les malheureux meubles sont attachés, il est vrai, le long du mur par des cordes inexorables, mais à la façon dont ils s'agitent dans leurs liens, il est trop évident que s'ils en avaient le pouvoir, ils se rouleraient d'un bout de la chambre à l'autre, dans toutes les angoisses du désespoir et avec des démonstrations de chagrin, qui ne prouveraient de leur part aucune dignité.

Après tout, on est homme, on est brave, on est adroit. On se lève, on se maintient, on fait un peu d'apprentissage, on invente des expédients, on réussit tant bien que mal, on est vêtu, on est debout. Il est temps. L'appel belliqueux du clairon retentit sur le pont et l'on apprend ainsi que le déjeuner est servi. On sort, on interroge l'état du ciel.

Le Gassendi ne jouit à cet égard que d'un bonheur bien rapidement écoulé. Dès le lendemain de son départ, le temps n'était plus le même. Le vent avait changé dans la nuit, et tandis qu'on était sorti de Brest poussé par un vent d'est qui servait à merveille, on se voyait désormais repoussé par une brise venant du couchant et qui faisait tous ses efforts pour empêcher le navire d'avancer. Le ciel était gris partout, les nuages bas, la mer maussade, le pont glissant et humide. Il avait plu. Il allait pleuvoir encore. Tout cela n'était pas gai. Mais quand on va à Terre-Neuve, on ne se rend pas directement vers le chemin de la Terre-Promise. Une philosophie de seconde main suffisait à faire agréer ces ennuis. D'ailleurs, ils étaient accompagnés d'un spectacle nouveau, celui de l'équipage en costume approprié à la circonstance.

Il ne s'agissait plus de ce chapeau coquet orné d'un ruban noir, que la mode marine a si ingénieusement calqué sur un modèle chinois; ni de la veste bleue à revers rouges, ni de la chemise à col immense renversé sur le collet, et dont les jeunes Anglais de quinze à seize ans ont été les premiers à découvrir la grâce. Les hommes avaient sur la tête de vastes coiffures de toile cirée jaune, ressemblant à celles des forts de la halle, s'étendant par derrière comme une aile protectrice ; ils étaient engoncés dans d'autres toiles cirées également jaunes, tournées en paletots ; enfin, leurs jambes s'enfonçaient dans des tuyaux toujours jaunes, toujours en toile cirée. Il ne se peut rien de plus lamentable que l'aspect de cet équipement, et le vent n'avait pas tort de renvoyer au-dessus le panache funèbre, épais et noir, sortant à flots de la cheminée de la machine. C'était l'aspect morne d'un enterrement.

Décidément la journée devait être lugubre. La pluie commença à tomber pour tout de bon. La mer était grosse et le navire roulait assez. Se tenir dans la chambre, n'était pas commode. On y est mal à l'aise. Rester dehors vaut mieux, mais qu'y faire ? Se promener, n'est pas trop possible quand le pied n'est pas parfaitement assuré. On glisse dans l'eau et on ne sait à quoi se retenir. On a beau imiter la sage précaution de l'équipage, en s'engloutissant soi-même dans la toile cirée, on grelotte. C'est alors qu'on doit résolûment se placer en face de soi-même. Il s'agit de choisir comme jadis Hercule, mais non pas entre le vice et la vertu, entre l'humeur impuissante ou la patience imperturbable et indéfinie. C'est la seconde qu'il faut prendre évidemment.

Le soir était enfin venu. Dire dans quelle région du ciel le soleil disparut ce jour-là, serait impossible ; depuis le matin on ne s'était pas douté de sa présence. Les ténèbres arrivaient graduellement, sombres, et l'on pourrait dire sales. Elles tombaient lourdes sur cette pluie mélancolique. L'horizon se resserrait. Le vent soufflait de plus en plus fort. Le panache de fumée flottait de plus en plus bas. Le clairon de l'équipage vint prendre place au milieu du pont et fit entendre son appel. Tous les hommes, maîtres, matelots, novices, mousses, se rangèrent à droite et à gauche. L'officier de quart cria : « Attention ! » L'aumônier se mit au centre. La voix de commandement, s'élevant encore une fois, fit retentir ce mot : « La prière ! » Tout le monde se découvrit, et la prière commença.

Il est impossible de voir un spectacle plus simple, plus grave et plus imposant. C'est ici la prière dans sa plus puissante application. Un pauvre navire est présent, livré avec les seules ressources du chanvre et du bois aux mauvaises intentions de l'Océan.

Le vent menace; cette nuit, peut-être, sera-ce pire. Deux cents hommes sont groupés sur ces planches, séparés de la communication du monde, et allant non pas où les mènent leur caprice, leur volonté, leur intérêt, mais où le devoir les adresse. Ils sont là bien petits, bien humbles, bien dénués ; mais ils ne se souviennent de leur faiblesse qu'en une seule manière : ils prient. Ils prient à la face du ciel et de la mer, de l'ouragan, de la mort possible, et ils prient tranquillement comme il sied à des gens de cœur. Ils ne se méfient pas, ne songent pas à l'avenir, mais se confient à Dieu. Certes la vie pratique n'a rien de plus beau.

Il est peu de marins qui soient sans religion. Ce ne sont pas des anges, sans doute, ni des saints non plus. Mais ils ont la vue des choses supernaturelles, parce qu'ils se sentent sans cesse à la merci de grandes causes contre lesquelles la force directe ne peut rien et où la chance, comme on dit, est le grand recours. Toujours en face d'un continuel peut-être, leur intelligence ne leur dit pas que ce qui est caché derrière soit le hasard aveugle.

Le lendemain, le surlendemain, les autres jours, le temps ne s'améliora point. Sans devenir jamais détestable, il continua languissamment à être triste, sombre et pluvieux, et on continua à le prendre en patience. Dans de telles occasions, on se couche à six heures, on se lève à midi, bien entendu quand on n'a pas de devoirs à remplir. On lit ce qu'on n'aurait jamais eu le courage d'aborder en d'autres circonstances. Puis, un moyen de se rendre imperméable. La nuit, le jour, aiguisent l'imagination à la recherche de ce problème. Jusqu'ici cette précieuse découverte n'a pu encore se faire. Mais ce qui est pour tout ignorant un sujet constant d'admiration et de surprise, c'est qu'avec un temps pareil et lorsque toute observation astronomique est impossible pendant des jours entiers, on ne perde pas sa route. Dans des cas pareils, ce qui se conçoit le plus aisément, c'est l'aventure de ce digne navigateur qui, vers 1815 ou 1816, alors qu'une longue interruption, causée par la guerre avait fait perdre la pratique des voyages de Terre-Neuve, partit un jour de Bretagne ou de Normandie, avec l'intention d'aller chercher la morue dans le séjour qu'elle préfère. Le brave homme promena pendant deux mois son navire deci et delà, et reparut au sein de sa famille, déclarant avec franchise qu'il n'avait jamais pu trouver son île et, qu'en bonne conscience, il ne s'expliquait pas ce qu'elle était devenue. Ce sont là contes de marins, mais les gens de terre comprennent la vraisemblance de pareilles histoires, et en admirent davantage les raisons qui les rendent presque impossibles.

Les yeux sur la carte, s'aidant des éclaircies qui se font dans le temps, calculant sa marche, on suppute à peu près le temps nécessaire pour arriver sur le banc. L'ordre est donné de sonder tel jour, à telle heure. Le navire s'arrête, on sonde. On trouve le fond. On sait où on est, sur cette immense étendue de mer, lorsqu'on ne voit pas le ciel. La sonde vous le dit et, d'ailleurs, on a vu dès la veille passer le long du bord des godillons. Ce sont de petits oiseaux noirs, familiers sur les bancs où ils chassent le poisson. Le matelot qui les aperçoit le premier vient annoncer cette grande nouvelle. Tous les yeux cherchent sur l'écume de la vague ce petit être qui est tout ce que depuis plusieurs jours qui commençaient à paraître longs, on a vu de la création animée.

Il est vivement à souhaiter que l'œil d'un marin ne tombe jamais sur ces pages, il les trouverait un peu enfantines. Mais elles sont écrites pour la terre, et c'est pourquoi il est utile de dire que le banc de Terre-Neuve n'est pas ce qu'un vain peuple pense. Ce n'est en aucune façon une étendue de sable plus ou moins couverte d'eau. C'est la pleine mer, et les navires flottent sans crainte au-dessus et le traversent dans tous les sens. On y trouve trente, quarante, quatre-vingts brasses et davantage. Mais autour de ces profondeurs qui restent toujours à peu près les mêmes dans une étendue de deux cents lieues, la sonde n'obtient plus de fond. On en a conclu avec raison, ce semble, que les bancs étaient de vastes plateaux sous-marins entourés de plaines encore plus déprimées.

Sur ces plateaux abondent les morues. Toutes les fois qu'on s'arrêta pour sonder, les amateurs de pêche laissèrent filer d'énormes lignes, et les désœuvrés suivirent ces opérations avec le plus vif intérêt, mais on ne prit rien. Les roues de la machine furent plus heureuses, elles jetèrent quelquefois sur le pont des lançons, petits poissons qui servent à nourrir toute la gent marine à ailes et à nageoires.

Cependant *le Gassendi* faisait de la route malgré le temps. Le malheur voulut que les choses n'en vinrent pas au pis, car, dans ce cas, on serait allé aux Açores où on aurait eu chaud, où on aurait vu des arbres. Mais nous ne fûmes pas assez malencontreux pour être si heureux. Au lieu des Açores et tenant toujours bon, nous dépassâmes le Banc à Vert, le Trou à la Baleine, particularités de la route d'autant plus remarquables, qu'on en parle beaucoup, mais qu'on n'en saisit rien, la sonde seule en révèle l'existence. Enfin, au milieu du vingtième jour, on découvrit au loin une espèce de brouillard plus opaque que de coutume, et qui n'occupait qu'une petite place dans le sud-ouest. C'était l'île Saint-Pierre, et un peu plus loin Miquelon.

CHAPITRE II.

Saint-Pierre.

L'aspect n'en est ni gai ni attrayant. Si la mer est grise et sombre, la terre qui s'offre aux yeux l'est encore plus. Elle est seulement d'une autre nuance, et pour peu que le brouillard l'enveloppe comme au moment où *le Gassendi* l'aperçut, elle ne présente aux yeux qu'un amas de quelques roches s'élevant à peine au-dessus du niveau des eaux, l'écume qui tourbillonne et s'éparpille autour de brisants, et les lignes heurtées, confuses, sans grandeur, de certains points culminants de la configuration de l'île, le tout paraissant à travers la brume, comme un visage de femme un peu maussade, un peu vulgaire, à travers les plis d'un voile. La place occupée par ces quelques îlots presque imperceptibles est si minime dans l'Océan, et la nature du climat est si portée à la dérober aux navigateurs, qu'il semble facile de passer à côté sans en rien voir. Dans tous les cas, l'approche n'en est pas sans danger, et cette terre presque à fleur d'eau, peu visible les trois quarts de l'année à cause de la pluie, est entourée de tant d'écueils, que très-souvent, au moment d'y aborder, les navires s'y perdent. Pour conjurer le péril autant qu'il est possible, de demi-heure en demi-heure, lorsque le temps l'exige, un coup de canon est tiré pour avertir les bâtiments au large, et leur faire connaître la proximité de la côte.

Cette fois, une telle précaution n'était pas absolument nécessaire. Bien qu'il ne fît pas très-beau pour tout autre pays, pour ces parages la journée n'était pas mauvaise. La brume présentait çà et là de vastes déchirures à travers lesquelles on apercevait à peu près l'état des choses, et l'on voyait même autour de soi, d'une manière tolérable, à deux cents pas environ. Il ne pleuvait plus. Tout était pour le mieux.

Nous pûmes ainsi compter un grand nombre de voiles allant et venant. C'étaient les bateaux de pêche des habitants, et la petite exploitation des environs marins. On eût dit de loin des groupes pacifiques de blancs oiseaux de mer, nageant sur la surface des eaux. Bientôt, de cette flottille éparpillée sous nos yeux, se détacha rapidement une embarcation qui, à la vivacité de ses mouvements, à la hardiesse de sa marche, à la façon audacieuse et leste dont elle se penchait sur le côté, semblant plutôt courir sur l'eau que s'y plonger, se fit reconnaître de tous ceux qui, à notre bord, avaient déjà fait le voyage. C'était *la Lysie*, le bateau-pilote de Saint-Pierre, qui venait au-devant de nous. Elle était montée par trois hommes, et nous accosta hardiment. Le patron se hissa au moyen d'un bout de corde, et vint prendre son poste sur la passerelle. C'était déjà un spécimen curieux des êtres au milieu desquels nous allions vivre pendant six mois.

Cet homme-là est un Français comme nous, né en France et, cependant, le genre de vie qu'il mène ainsi que tous ses pareils, en fait, en quelque sorte, une apparition d'un autre âge et à coup sûr d'une autre société. Il a plus de soixante ans et les années n'ont pas mordu sur sa vigueur et son énergie physiques. Les chagrins n'ont pas été plus puissants que les années ; il a perdu quatre fils, tous noyés, tous emportés par la mer, et nuit et jour il court encore lui-même sur cette mer qui lui a tout pris. Une vie composée de telles fatigues, tissue de tant de périls, semée de tant de douleurs, n'a pas courbé ce matelot. Parvenu au cœur de la vieillesse, il travaille et travaillera jusqu'à sa mort, parce que son métier, tel qu'il est, suffit à peine à le nourrir et ne lui donne pas assez pour le jour présent et le lendemain. Et cet homme n'est nullement une exception. Les nécessités qui le pressent, les soucis qui l'entourent, les coups qui l'ont frappé, c'est là le partage de toute la population dont il fait partie, et il ne lui est rien arrivé qui ne puisse échoir de même à ses amis et à ses voisins. On n'a jamais entendu parler de suicide dans ce monde-là, et il n'en est jamais sorti un révolté d'aucune espèce, aspirant à changer la marche ou l'ordre des sociétés, ni à mettre en haut ce qui est en bas.

Quand nous fûmes mouillés dans la rade, en dedans du cap à l'Aigle et vis à vis de l'île aux Chiens, le panorama de Saint-Pierre se découvrit libéralement à nous et d'un seul coup d'œil nous pûmes inventorier tout ce que cette résidence offrait de remarquable. Dans le fond, en face de nous, un groupe de maisons en bois à un étage, presque toutes noircies par l'âge et surtout les pluies; une habitation un peu plus haute, ressemblant assez bien à la demeure d'un bon bourgeois dans les environs de Paris, moins les sculptures que le goût moderne y ajoute, mais bien et dûment garnie des inévitables persiennes vertes : c'est la demeure du commandant de l'île; plus loin le clocher d'une église assez jolie, en bois comme tout le reste; en face du gouvernement, un petit port intérieur qui porte le nom très-usité dans ces contrées de *barachoix*, où se réfugient les goëlettes quand la rade n'est pas tenable, ce qui arrive assez souvent et surtout l'hiver, puis une manière de fortin dont l'usage réel ne paraît être autre que celui de donner des canons à prendre à un ennemi quelconque; enfin à droite et à gauche des cases éparses et des *graves* ou plages artificielles, construites en cailloux, où sèche la morue. Nous sommes ici dans l'empire de ce poisson. Vivant ou mort, il va désormais se montrer constamment à nos yeux. C'est la raison d'être de Saint-Pierre, c'est sa seule et unique production, c'est le possesseur de la mer, de la terre, et il faut le dire, par son odeur, il le devient aussi de l'air, qui n'en est malheureusement que trop imprégné.

En revanche pas un arbre, l'herbe même semble ne pousser qu'à regret. Les hauteurs qui montrent sans souci et sans prétention la nudité de la roche native ont leurs replis couverts d'une sorte de végétation roussâtre, sèche à la vue, de l'aspect le plus repoussant. Tout cela est si farouche, que même, après vingt jours de réclusion sur des planches humides, le désir d'aller à terre était fort modéré. Cependant les voyageurs ont des devoirs à remplir, et il y aurait conscience à ne pas se montrer curieux, même de ce qui ne vaut pas trop la peine d'être vu.

Quand on a traversé la rade et mis le pied sur cette terre si peu engageante, les premières impressions vont se fortifiant de plus en plus. Soit que l'on suive la route construite récemment par les marins de *l'Iphigénie*, et qui s'enfonce dans le centre de l'île, soit que l'on prenne le prolongement de la même voie, établi par l'équipage d'une autre frégate dans la direction du nord, le long de la rade, on ne voit que pierres, terre mouvante, tourbe et marécages. Dans quelques lieux, on se prend les jambes dans ce qu'on appelle la *forêt*. C'est un fouillis de petits sapins de l'espèce la plus humble, puisqu'ils ne dépassent guère deux pieds à deux pieds et demi de haut. Ce sont ces nains végétaux qui donnent aux hauteurs de l'île la teinte noirâtre déplorée tout à l'heure, et pour en rendre les nuances plus désagréables, ils se marient à toutes sortes de mousses, de lichens et de plantes lacustres de fort triste mine. Enfin pour le trancher net et en un mot comme en cent, Saint-Pierre est un pays hideux, et la nature, si elle a voulu atteindre ce résultat, y a parfaitement réussi; il n'y a que des compliments à lui en faire.

Il est vrai que nous étions en été; l'hiver est plus déplorable encore. Le brouillard de plus en plus épais et constant ne se dissipe pour ainsi dire plus. Des banquises se forment qui interceptent l'entrée et la sortie de l'île en accumulant de toutes parts des glaces énormes. La neige couvre la terre à une grande épaisseur, et comme l'humidité domine encore sur la rigueur du froid, on est constamment au milieu des horreurs d'un dégel qui s'arrête à chaque instant, pour recommencer presque aussitôt. Puis Saint-Pierre jouit d'un fléau particulier à ces parages, et qui mérite une mention honorable; c'est le poudrin.

Le poudrin consiste en une sorte d'essence de neige qui tombe par tourbillons, fine et drue comme du sable. Le poudrin s'introduit par les moindres ouvertures. Il suffit d'une fente à une porte, d'un carreau mal joint à une fenêtre pour que le poudrin se fasse passage et pénètre dans une maison. Si une des planches qui forment les parois a seulement un trou de vrille, le poudrin trouve encore moyen de se glisser par là, et en quelques instants, fait à l'intérieur un tas de neige.

Aussitôt qu'il tombe, l'air est glacial. On ne voit plus devant soi. En quelques instants, les chemins sont couverts d'une nappe blanche et disparaissent.

Le voyageur aveuglé risque de perdre la tête. S'il ne rencontre pas promptement un refuge, il est en danger sérieux. Il y a peu d'années un enfant de Saint-Pierre se trouva dehors au moment où le poudrin commençait. Sa famille signala aussitôt son absence; les marins d'un navire de l'État mouillé en rade, se mirent à sa recherche au péril de leur propre vie. Toute la nuit ils coururent sans rien trouver, et le lendemain matin, on l'aperçut contre une roche, la tête appuyée sur sa main, enseveli jusqu'au cou dans la neige, paraissant endormi; il était mort.

Pour toutes ces raisons et surtout parce que la pêche ne peut se faire en hiver, Saint-Pierre n'a qu'une très-faible population permanente, composée des fonctionnaires publics et de quelques centaines de marins nés dans l'île, avec leurs familles. Ces hommes sont, presque tous, Normands ou Basques d'origine. Mais comme les familles se sont alliées entre elles, leur sang est mêlé et un type à peu près mixte en est résulté. Ce sont des pêcheurs, pour la plupart très-pauvres et qui se bornent à exploiter les côtes de l'île où ils prennent des morues et des harengs.

L'île ne produisant rien que quelque peu de légumes dans de misérables jardins créés avec beaucoup de peine, toutes les ressources alimentaires sont apportées par les navires. La farine vient généralement des États-Unis, le bétail de la Nouvelle-Écosse, les moutons de la grande terre de Terre-Neuve, qui fournit aussi les bois de construction pour les maisons et les magasins.

Saint-Pierre n'aurait aucune importance s'il ne possédait jamais que sa population, en quelque sorte indigène. Heureusement vers la fin de l'hiver, l'aspect de la rade et du barachoix change tout à coup, le poudrin cesse de tomber, les maisons où l'on se tenait barricadé s'ouvrent de toutes parts, les auberges, qui sont en grand nombre, depuis le *Lion d'or* jusqu'au moindre cabaret, arborent à leurs fenêtres les appâts séduisants de bouteilles de tous les formats, et une multitude de navires, venant du large, débarquent sur le quai une population nouvelle qui arrive de tous les ports de France, depuis Bayonne jusqu'à Dunkerque, et qui fait monter parfois le chiffre des habitants de l'île à dix, douze et même quinze mille âmes. C'est là, à sa façon, à un certain point de vue, une population très-distinguée, très-fière d'elle-même, qui se considère comme une espèce d'élite dans la création et qui, en vérité, n'a pas tout à fait tort. En un mot, ce sont les pêcheurs des bancs qui font là leurs provisions de vivres pour eux-mêmes, d'appât pour le poisson qu'ils veulent prendre, ou bien qui, dans le cours de la campagne, viennent emmagasiner ou vendre celui qu'ils ont conquis. Ces gens-là sont au petit pêcheur indigène ce qu'un zouave peut être à un garde national.

Le costume de ces matelots parachevés atteint les dernières limites possibles du désordre pittoresque. Des bottes montant jusqu'à mi-cuisse, des chausses de toile ou de laine, amples comme celles de Jean-Bart, sur l'enseigne des marchands de tabac, des camisoles bleues et blanches ou rouges, ou rouges et blanches, des vestes ou des vareuses de tricot qui n'ont plus de couleur si jamais elles en ont eu, des cravates immenses, ou plutôt des pièces d'étoffes accumulées, tournées, nouées autour du cou, des chapeaux énormes pendant sur le dos, ou bien des bonnets de laine bleus, enfoncés sur les oreilles et sortant de toutes ces guenilles, des mains comme des battoirs, des visages plutôt basanés que de couleur humaine, plutôt noirs que basanés, couverts de la végétation désordonnée d'une barbe qui depuis quinze jours n'a pas vu le rasoir, voilà l'aspect honoré, respecté, admiré du pêcheur des bancs. Il reste encore un point important pour que la description soit complète. Prenez l'homme ainsi fait qu'il vient d'être dit, et roulez-le pendant deux bonnes heures, avec son équipement, dans la graisse de tous les poissons possibles, alors il ne manquera plus rien à la ressemblance. Car, il faut le concevoir huileux au premier chef, sans quoi ce n'est plus le vrai pêcheur.

Ainsi fait, il descend de sa goëlette, aussitôt qu'elle a mouillé et vient s'offrir avec bonhomie, mais avec le juste sentiment de ce qu'il vaut, à l'accueil chaleureux et admiratif de l'habitant. Il marche dans le sentiment de sa gloire sur ce sol qui l'appelle depuis tant de mois. Les mains dans les poches, la pipe à la bouche, il rappelle Adam dans le paradis terrestre. Il en a l'innocence et la satisfaction d'être au monde, dont il se considère aussi, en toute humilité, comme la merveille, et encore une fois, il a raison, car il n'est pas un homme de mer depuis l'amiral jusqu'au dernier mousse qui ne pense cela de lui. Et maintenant qu'il est à terre, c'est peut-être le moment de parler un peu plus au large de ses affaires et de ce qu'il fait et qui lui vaut tant de sympathies. Nous allons donc le laisser entrer et s'attabler dans quelque cabaret où il finira peut-être par faire du tapage et casser, soit des verres, soit la tête de son hôte; mais alors, le gendarme prendra soin de lui et nous le rendra intact, de bonne humeur, et parfaitement reposé demain matin.

Le pêcheur des bancs, comme toutes les grandes choses, peut se glorifier d'un passé illustre. Dès le quinzième siècle, des Normands et des Basques, sans souci des moyens imparfaits que possédait alors la navigation, arrivaient chaque année, tout comme aujourd'hui, pour hanter les mers épouvantables de Terre-Neuve; tout comme aujourd'hui, s'y mettaient à la cape, pendant les mois d'été et, tout comme aujourd'hui, y pêchaient la morue qu'ils rapportaient ensuite à Bayonne ou à Granville. Non contents de cette rude aventure, ils se risquaient encore dans le golfe du Saint-Laurent et allaient y poursuivre les baleines qui y étaient alors fort abondantes et ne s'y montrent plus guère.

Ces expéditions lointaines, hasardées, dangereuses devinrent ainsi, dès ces époques déjà anciennes où nous avions des marins et point de marine, comme le partage exclusif des hommes les plus hardis de nos côtes, et ce fut un honneur, une gloire pour les familles riveraines que d'avoir compté parmi leurs membres, des pêcheurs des bancs.

Maintenant que les ressources nautiques se sont tant perfectionnées, les expéditions de ce genre ne sont plus absolument ce qu'elles étaient. Voici cependant ce qu'elles sont restées.

Un navire part de France et vient d'abord à Saint-Pierre se pourvoir de ce qu'on appelle la *boitte*, c'est-à-dire l'appât destiné à garnir les lignes. Cet appât est ou frais ou salé, et les gens du métier en sont encore à décider si l'un ne peut pas en tout temps et en toutes circonstances tenir la place de l'autre. Toutefois il est certain que lorsque la morue est consultée par l'offre simultanée des deux séductions, elle préfère la chair fraîche.

Cette chair fraîche est fournie par le capelan, espèce de petit poisson qui, au printemps, descend des mers du Nord, poursuivi par des bancs de morues, lesquelles à leur tour sont chassées par de plus grosses espèces. Dans la terreur que leur causent les bandes innombrables de leurs ennemis, les capelans se répandent dans toutes les mers qui avoisinent Terre-Neuve, en masses tellement épaisses, que le flot les rejette et les accumule parfois sur le sable des grèves.

La pêche principale de ce capelan se fait sur la côte anglaise de Terre-Neuve, et les hommes de là apportent leur butin à nos pêcheurs venus à Saint-Pierre pour le rendez-vous. On pourra juger de l'importance de ce commerce par le chiffre des sommes qui y sont employées et qui ne vont pas à moins d'un million de francs, annuellement.

Les goëlettes une fois pourvues de leur boitte quittent Saint-Pierre, prennent la direction du nord-est et s'avancent sur les bancs.

Dès que le capitaine a choisi sa place de pêche, il se met à la cape sur cette mer profonde, orageuse, pluvieuse, brumeuse, et il y passera plusieurs semaines sans bouger. Il tend ses lignes le long du bord. Ce sont d'énormes cordes flottant sur la mer et auxquelles sont attachées d'autres cordes verticales dont l'extrémité porte l'hameçon, dissimulé par l'appât. A chaque instant, on lève les lignes, on en détache le poisson pris, on remet de l'appât et on recommence.

Cependant, on s'occupe immédiatement de faire subir à la prise une première préparation. On décolle la morue, on l'ouvre, on la vide, on la fend en deux, on l'empile en tas et on la sale.

Ce labeur combiné est incessant, il dure autant que le poisson donne ; jour et nuit on s'y relaye. Jour et nuit, le matelot est sur le pont, quelque temps qu'il fasse, presque toujours mouillé jusqu'aux os, couvert d'huile et de sang, respirant une odeur infecte, entouré de débris dégouttants, travaillant sans s'arrêter.

Comme la première affaire est de rapporter le plus de poisson possible, on ménage avec grand soin la place disponible. On a donc de vivres ce qu'il en faut strictement, et, pour qu'il en faille moins, on s'arrange à ne manger presque que du poisson qui ne manque pas dans l'eau. Très-peu de spiritueux à bord, une nourriture d'anachorète, voilà pour distraire de la fatigue. Mais ce n'est rien encore.

Il peut arriver et il arrive presque constamment que la pêche ainsi faite n'est pas suffisante. Alors, des embarcations, montées de deux ou trois hommes, s'en vont tous les jours, quelquefois jusqu'à trois et quatre milles en mer, tendre d'autres lignes. On rayonne fort loin autour du navire.

Chaque matin, à quatre heures, les matelots se mettent dans leurs coquilles de noix, s'assoient sur les bancs, d'une main jettent leurs bonnets à leurs pieds, et en commençant à ramer, comme nous disons à terre, à nager comme ils disent, récitent tout haut une prière ; puis ils remettent leurs bonnets et s'en vont à leurs lignes.

Mais il fait nuit, mais il pleut, mais le brouillard est opaque, mais la mer devient subitement furieuse. Un courant s'est emparé de l'embarcation et l'a jetée hors de sa route ; plusieurs jours se passent, on n'en a pas eu de nouvelles, on n'en aura jamais. Voilà ce que peut coûter un plat de poisson.

Mais voilà aussi pourquoi, dans toute la gent maritime, le pêcheur des Bancs est un homme tenu en si haute considération. De tous les marins, c'est celui qui a vu le plus souvent toutes les difficultés du métier, qui en a éprouvé les fatigues les plus rudes, qui a dû montrer, pour disputer sa vie à l'abîme, le plus de sang-froid et d'adresse, le plus de fermeté et d'esprit d'à-propos, qui sait le mieux ce que vaut un bout de corde et ce que promet le vent qui souffle. Enfin c'est, dans toute l'expression du mot, un marin et peut-être doit-on lui faire un honneur plus difficilement mérité encore de nos jours : c'est un homme.

Assurément, il existe aujourd'hui peu de créatures qui mènent une pareille existence. On peut donc se demander quels motifs si puissants portent de pareilles gens à l'accepter. Car, avec un fonds semblable d'énergie et nécessairement aussi d'intelligence, de capacité, de travail et de privation, bien des vocations, jugées plus attrayantes et dans tous les cas plus faciles, s'ouvriraient certainement pour eux. Est-ce l'amour du gain? Qu'on en juge.

Les pêcheurs sont engagés dans les ports de France pour le compte de certaines maisons qui, se livrant à ce genre de commerce, possèdent les navires. Elles donnent à chaque homme une solde, puis elles se chargent de lui vendre les vêtements, les vivres et tout ce dont il peut avoir besoin pendant la campagne. S'il est très-économe et très-prévoyant, la moyenne de ce qu'il touche au retour ne dépasse guère huit cents francs. Mais pour peu qu'il ait du laisser-aller et de l'imagination, ce qui est le fait, en général, de tous les hommes aventureux et résolus, j'ose à peine dire à quel chiffre ce qu'il est en droit de réclamer se réduit. S'il le faut absolument, j'avouerai pourtant qu'il est tel de ces hommes qui ne reçoit pas plus de cinq à six francs au bout de six mois de navigation.

Ainsi, même dans les meilleures conditions possibles, comme métier, c'est un mauvais métier que d'être pêcheur des Bancs. Et cependant, ceux qui l'ont fait une fois y retournent presque toujours, et tant qu'ils ont des forces, ils y reviennent, et leurs enfants y reviennent après eux, et des générations successives se dévouent à ces terribles épreuves. Les raisons de cet entraînement singulier sont difficiles à apprécier, cependant les voici à peu près :

On mettra en première ligne un goût immodéré pour une existence de périls et de difficultés très-grandes, sans doute, mais courtes, puisque les campagnes ne durent que six mois. Au bout de ce temps, on rentre en France, ou bien on va porter les chargements dans les ports de l'Amérique du Sud, de l'Espagne ou de l'Italie, ce qui présente un nouveau genre de vie et de nouveaux climats. Puis, dans ce travail parfois si exigeant, si disproportionné aux forces humaines, on a la satisfaction de se sentir dans une grande indépendance ; car le capitaine du navire des Bancs est presque un matelot comme ses hommes. Il a commencé comme eux, il mène la même existence, il travaille avec eux et autant qu'eux. L'égalité est donc presque parfaite. Dans les relâches, dans les intervalles du travail, le matelot ne se sent pas de supérieur, et c'est pour lui un grand point. Il ne fait rien que son intelligence et ses besoins ne lui disent utile et nécessaire, et, avantage auquel il paraît être plus sensible que le fait n'en vaut la peine en lui-même, il peut s'habiller comme il le veut, comme il l'entend.

Enfin, par-dessus tout, ce qui achève de lui

inspirer pour son métier l'amour qu'il lui porte, c'est l'orgueil satisfait d'être reconnu pour un maître dans sa profession. Il se sait, il se sent estimé et précieux, il l'est à ses yeux propres. Il se tient pour quelque chose dans le monde, et il ne doute pas que cette opinion ne soit celle de tous les hommes, grands ou petits, qui le connaissent peu ou beaucoup. L'esprit français étant donné, on conçoit l'importance d'une telle conviction. Elle est déterminante, et elle seule suffirait pour expliquer comment il peut y avoir eu et y avoir encore des pêcheurs des Bancs. Espérons qu'il y en aura toujours.

La France, j'ai dit plus haut depuis quelle époque, a toujours été la nation qui a fourni, proportion gardée, le plus d'hommes à ce genre de navigation. Jadis les Espagnols nous ont fait concurrence; mais, avec le déclin de leur marine, ils ont disparu de ces parages et nous achètent aujourd'hui ce qu'ils nous aidaient autrefois à recueillir au prix des mêmes misères.

Les Anglais qui rivalisent avec nous, et même, au point de vue du nombre, nous dépassent, ne sont nullement dans des conditions semblables. Leurs navires des Bancs viennent de Terre-Neuve qui est très-voisin, et y vont sans cesse porter leurs chargements. Ils n'ont, en réalité, à essuyer ni des dangers, ni des fatigues, ni des travaux pareils;

aussi eux-mêmes ne comparent-ils pas leurs équipages aux nôtres, dont ils avouent l'immense supériorité.

Les Américains ne se montrent pas en grand nombre et ne cherchent pas à lutter.

Il faut donc constater que nous sommes restés dans ces mers ce que nous y avons toujours été, même au temps où nous étions les possesseurs des terres voisines, d'excellents et hardis marins, des hommes intrépides et intelligents. Toutefois, avouons-le aussi et à regret : nous ne sommes plus aussi nombreux.

Une rue de Saint-Pierre, lorsque beaucoup de navires des Bancs sont en rade, ne laisse pas que de présenter un tableau mouvant et digne d'intérêt. Ces grosses faces brunies et graves jusque dans leur joie, qui se montrent à toutes les fenêtres, ces groupes d'hommes trapus et vigoureux qui remplissent les places, les parcourant de ce pas balancé ordinaire aux matelots, dont la démarche pesante rappelle toujours assez celle de l'ours polaire, les cheveux rouges des marins anglais qui viennent vendre la boitte, leurs yeux bleus à fleur de tête qui contrastent si parfaitement avec la mine refrognée de nos Normands et surtout de nos Basques, et, au milieu de cette vivante et insouciante allure de tous ces hommes d'action, la physionomie au moins un peu coquine de neuf marchands sur dix, c'est là, je le répète, un spectacle qui vaut la peine d'être vu.

Le trafiquant de ces pays-là, qui n'a guère ouvert boutique que pour avoir affaire au matelot, a dû naturellement choisir ce client pour premier objet de son étude. Il n'était pas difficile de pénétrer promptement et complétement une nature aussi peu complexe et de deviner que lorsque, dans ces vastes poches, il se trouvait quelque argent, l'argent sortait aussitôt que l'on pouvait inspirer à son maître une fantaisie. Comme rien n'était plus facile, il en est résulté que le matelot, par son laisser-aller, son manque de défiance, a corrompu le spéculateur, qui, né sans doute avec les instincts les plus honnêtes, est devenu généralement tout autre chose que consciencieux.

Avec les pêcheurs des Bancs, il n'y a pas grand succès à obtenir, parce qu'ils n'ont guère à dépenser, mais les Anglais vendeurs de boitte, sont dans une position toute différente. Ce sont, le plus ordinairement, des habitants de la côte méridionale de la Grande-Terre, gens aisés, pêchant pour leur propre compte et, lorsqu'ils ont livré leur capelan à nos navires, ayant les poches bien garnies. La question à résoudre pour les marchands, c'est d'attirer cet argent-là, genre de pêche qui demande un peu d'habileté, mais beaucoup moins que celle du poisson.

Quelques maisons respectables, comme disent les prospectus, ont établi cet usage d'avoir à la porte de leurs magasins une barrique d'eau-de-vie et un verre, et tout matelot qui entre est invité à user à discrétion et gratis de cette magnifique hospitalité.

Tout d'abord le brave homme est ému de tant de politesse. Il se croirait déshonoré s'il se rendait suspect à ses propres yeux de lésinerie. Il est comme Orosmane et ne veut pas se laisser vaincre en générosité. Il remue son argent dans les profondeurs de ses chausses et paye immédiatement un baril de farine. Content de lui, il se verse un second verre d'eau-de-vie (ce ne sont pas petits verres), l'avale et, en essuyant ses grosses lèvres sur sa manche droite, il parcourt la boutique d'un regard satisfait.

Il commence à raconter ses affaires, et tout en parlant et disant ce qu'il a d'argent, ce qu'il espère gagner encore, les événements et incidents de la pêche et le reste, il entend que son hôte lui demande, avec une amitié qui le touche, s'il n'aurait pas besoin de planches.

Il y a une heure, il n'avait pas la plus légère idée qu'il eût besoin de planches. Mais, en ce moment, il sent de toute la force de sa conviction qu'il ne peut s'en passer. « Vous prendrez bien toutes les planches qui sont là? » dit le commerçant. Le matelot pense judicieusement qu'un homme comme lui doit prendre toutes les planches possibles et ne saurait jamais en avoir trop. Il paye et avale encore un verre d'eau-de-vie.

L'habile homme qui le tient harponné dirige les désirs du grand enfant d'après la connaissance qu'il acquiert bientôt de la somme contenue dans les poches. Il lui prend tout ce qu'il peut lui prendre et souvent il lui prend tout. Après la farine et les planches il lui impose du fromage, des clous, du lard, des gilets, des cravates, des barriques vides, de la quincaillerie, enfin ce qu'il peut. Les objets ne sont pas tarifés d'une manière bien exacte. L'interlocuteur est si aimable, son eau-de-vie si bonne, et on n'en est pas à quelques sous de plus ou de moins.

Quand il n'a plus rien, le matelot serre chaleureusement la main de son ami et retourne à son bord en chantant. Ce n'est que le lendemain qu'il s'aperçoit de toutes les belles acquisitions qu'il a faites, et que, s'il est marié, il commence à se gratter l'oreille, en se demandant avec inquiétude ce que sa femme va penser et dire.

Je ne fais ici qu'indiquer par une légère esquisse le portrait des marchands. Il n'est pas besoin d'y insister. D'ailleurs il en est de toutes les grosseurs, bien que tous fassent à peu près la même spéculation en gros ou en détail : la pêche du pêcheur. Les uns ne quittent guère la France, où ce sont d'importants personnages. Ceux-là ont comme des viviers pleins de matelots qu'ils nourrissent peu et mal et dont ils extraient la substance par les moyens de compression. Les autres sont de riches spéculateurs, étrangers quelquefois, qui viennent s'établir à Saint-Pierre et qui possèdent aussi bien des moyens de faire passer entre leurs mains l'argent que le ciel ne leur avait pas destiné tout d'abord. Enfin, il y a les petits trafiquants.

Les marins qui, voyant beaucoup de choses, et n'ayant pas un temps considérable à donner aux élucubrations philosophiques, aiment assez à rendre leurs impressions par des mots brefs, frappants et pittoresques, appellent tous ces messieurs des *banians*, et le fait est que la ressemblance est assez grande entre les vendeurs de toutes choses qui exploitent ces parages et les commerçants indigènes des mers de l'Inde. Seulement, je suis porté à croire à quelque exagération dans le rapprochement. Les Européens sont infiniment plus rapaces que leurs confrères d'Asie.

Quoi qu'il en soit, voilà le caractère dominant du commerce de Saint-Pierre. L'empereur Napoléon Ier, en définissant toute espèce de négoce par cet aphorisme : « C'est un brigandage organisé, » a dit une vérité profonde. Puisque donc la permission de ce brigandage existe une fois, et qu'il n'y a guère de moyens directs de le réprimer, ce qui pourrait arriver de plus heureux, ce serait de le voir s'augmenter. Là où il n'est pas possible d'avoir recours à la protection des gendarmes, la seule chose à faire est de multiplier le nombre des voleurs qui, dès lors, se surveillant les uns les autres, se tiennent en échec, avertissent les victimes des ruses trop perverses et finissent par s'entendre pour ne les dépouiller que dans une certaine mesure. Cet heureux résultat serait-il douteux, et je n'oserais affirmer le contraire, il faudrait encore pour des raisons, cette fois, qui n'ont rien à démêler avec l'intérêt des pêcheurs, faire des vœux pour que l'établissement de Saint-Pierre rompe avec le passé et commence une nouvelle vie à laquelle tout semble lui donner des droits.

Saint-Pierre est situé à proximité de la Nouvelle-Écosse, de Terre-Neuve, du Canada, à l'entrée du golfe Saint-Laurent. Saint-Pierre n'est pas éloigné de l'Europe. Il n'est pas loin des États-Unis. Cette situation géographique le rend apte à un grand avenir commercial. Saint-Pierre doit nécessairement devenir un entrepôt où les soieries et les vins et les divers articles d'exportation que fournit la France se rencontreront avec les produits américains; et plus les colonies anglaises du Nord-Amérique, le Canada surtout, feront de progrès dans la voie de prospérité où ils sont entrés désormais, plus il sera inexplicable, plus il sera à déplorer que Saint-Pierre avance, de son côté, si lentement vers l'avenir qui lui est dû.

Lorsque la France l'a acquis, après la malheureuse guerre de 1763, l'Angleterre le lui cédait en gardant le cap Breton. Au lieu d'une terre vaste et qu'on avait jugée susceptible d'arriver à une grande importance, on nous donnait deux îlots de rochers strictement bons, au jugement d'alors, à l'usage pour lequel on les réclamait de notre part, à servir d'asile à nos navires de pêche. Depuis 1763, rien n'a changé, en bien du moins, sur ce coin de terre abandonné. Pourvu jusqu'à l'excès de tous les moyens compliqués et de tous les rouages multipliés que chérit l'administration française, Saint-Pierre dépend de deux ministères ; par un honneur qu'il ne mérite pas, il est censé tenir sa place dans les méditations des bureaux de la marine et des bureaux des colonies: Il a un commandant, un ordonnateur, un juge, un commissaire de police, un médecin, un préfet apostolique, un ingénieur, des commis en nombre plus que suffisant, des gendarmes et quelques artilleurs ; mais, en revanche, et dans la réalité de l'expression, il n'est pas administré du tout. C'est un village où ni les rues ni les places ne sont pavées ni éclairées. Les habitants n'ont aucune espèce de droit municipal ; l'autorité métropolitaine s'est réservé le monopole exclusif de la sollicitude pour les intérêts locaux, et elle l'a si bien réservé qu'elle l'a

oublié tout entier dans un carton désormais perdu.
Le droit de propriété n'est pas même constitué dans
l'île, et bien que le territoire soit fort petit, il n'y
aurait pas encore un seul bout de route, malgré la
présence de l'ingénieur, si deux commandants de
navires de guerre n'avaient eu l'heureuse pensée
d'employer leurs équipages à en faire quelques
tronçons pendant les loisirs d'une relâche. Enfin, que
dire de plus que ce dernier fait? Jusque dans ces
derniers temps, Saint-Pierre n'a pas eu de correspondance postale directe avec la France. Il ne reçoit
les lettres et les dépêches que par Terre-Neuve où
une petite goëlette va les chercher deux fois par
mois, pendant l'été. En hiver, les communications
sont accidentelles. En un mot qui résumera tout ce
qui précède, la nature avait voulu faire de Saint-Pierre quelque chose et l'administration s'y est refusée. Il serait à souhaiter qu'un regard de l'Empereur tombât sur ce coin du monde. Il pourrait en résulter de grandes choses.

Autrefois, dans l'idée qu'on se faisait d'une colonie désirable, on mettait en première ligne l'étendue du territoire, la beauté du climat, la fertilité du
sol. Alors, composant à l'avance un roman, on se
voyait maître, dans un avenir quelconque, de magnifiques contrées, alimentant un grand commerce,
payant beaucoup d'impôts, enrichissant la métropole. Mais la pratique a rarement donné raison à

des prévisions semblables, et l'histoire des colonies de tous les pays du monde est un peu comparable à l'histoire des naufrages.

Souvent, on ne parvient pas à peupler d'une manière suffisante les territoires que l'on veut exploiter. D'autres fois, les maladies locales ou les difficultés de l'acclimatation arrêtent violemment tous les progrès. Mais on a écarté ces difficultés; plus la contrée est grande, plus elle coûte cher à surveiller, à garder, à maintenir; et, quant à ce dernier point, il finit toujours par arriver un moment où, en raison même de ce que la colonisation a réussi, la colonie se détache de la mère-patrie qui, ainsi, perd d'un seul coup le fruit de tous ses sacrifices et voit la fin de ses illusions. J'entends bien dire, à la vérité, que, dans certains cas, la métropole gagne encore à la séparation et que, par exemple, l'Angleterre a plus de profits dans ses rapports avec les États-Unis devenus indépendants, qu'elle n'en obtenait jadis de la possession de la Nouvelle-Angleterre et des domaines adjoints. C'est fort bon à dire et d'autant plus que, si l'on n'avait pas inventé ce moyen de consolation, on n'en eût pas su trouver d'autres. Mais, de bonne foi, il appartient tout entier à la classe des vérités mal plantées dont parle *Figaro*, et on ne fera jamais admettre sérieusement par un homme de sens que si l'Angleterre pouvait avoir des gouverneurs à Washington, elle ne le préférerait pas à y voir des présidents, d'autant plus qu'on ne comprend pas très-bien en quoi son commerce en serait diminué.

Nous avions Saint-Domingue, nous l'avons perdu ; l'avenir espagnol de la Havane est bien incertain. Encore une fois, tout n'est pas assuré avec les belles et grandes possessions d'outre-mer.

Au contraire, on conçoit aisément qu'un établissement du genre de Saint-Pierre pourrait donner lieu à un essai d'une nature toute différente. C'est un rocher stérile. Jamais les habitants de ce rocher ne songeraient à se soustraire à la protection d'une métropole qui, dût-elle même être onéreuse, même être oppressive, serait impérieusement imposée par toutes les lois de la nécessité. Sans métropole, ils ne pourraient ni se défendre, ni se garder, ni prospérer ; sans métropole, ils se trouveraient à la merci de toutes les agressions ; enfin, sans métropole, ils ne sauraient où aller finir leurs jours et profiter des fruits de leurs travaux ; car un rocher n'est pas une patrie : on y vient, on y fait le commerce, on y passe plus ou moins d'années, on s'y enrichit, mais si l'on y meurt c'est fortuitement ; personne ne marque là son tombeau. Une telle colonie n'abandonnera donc jamais la mère-patrie.

Elle rapportera beaucoup par cette première raison qu'elle peut ne coûter presque rien. Il ne s'agit pas ici pour l'État de payer des primes aux cultures, il n'y a pas de cultures possibles; de construire des routes et des ponts, l'île entière n'a pas une lieue de long; d'établir des casernes et des forts, il n'est besoin là que d'un seul canon, celui qui fait les signaux. Il ne faut rien dépenser; il faut réduire au plus strict nécessaire le personnel administratif, et je l'imaginerais volontiers composé d'un chef unique, intelligent, responsable, contraint de faire tout par lui-même et seulement aidé par un très-petit nombre de subalternes. Quant à la police, à l'administration proprement dite, à tout ce qui concerne les intérêts communaux, personne mieux que les habitants ne sait ce qui convient. La pédanterie bureaucratique pourra alléguer que, dans les débuts surtout, il se fera des écoles. Plus les erreurs seront multipliées, plus l'expérience viendra vite; et, comme en somme, les erreurs seront senties dans toutes leurs mauvaises conséquences par ceux-là même qui les auront commises et que l'opinion publique sera là pour les signaler, il n'y a pas à craindre qu'elles se perpétuent. En somme, une administration véritablement propre à faire de Saint-Pierre ce qu'il doit être, doit elle-même reposer sur des principes américains. Elle ne doit pas former contraste avec les idées admises dans cette partie du monde et auxquelles toutes les imaginations, tous les esprits sont accoutumés, elle doit se rapprocher le plus possible, se confondre même avec les notions du *self government* partout usitées dans ces parages, et l'action de la métropole ne doit se faire sentir que par l'impulsion, la direction de l'ensemble, et la protection. Ce que la métropole a surtout à faire, c'est d'amener des intérêts métropolitains et d'augmenter, de développer ceux qui existent déjà. Les mesures ne seraient ni difficiles à prendre ni bien nombreuses. Alors, plus encore que sur tous les points du nouveau monde, situés d'une manière moins favorable, on verrait s'élever sur cette plage plus d'aux trois quarts déserte aujourd'hui, des quais d'abord et bientôt des magasins nombreux. Des maisons de commerce importantes apporteraient et attireraient des capitaux dont le mouvement se ferait sentir dans toutes les colonies anglaises voisines, aux États-Unis et en France. Le système de liberté commercial dans lequel nous entrons semble fait exprès pour servir cette action ascensionnelle et, bientôt, à la place d'un village en bois, on aurait à Saint-Pierre une grande, belle, large et opulente cité commerciale, comparable peut-être aux plus belles villes de cette espèce.

La fortifier serait perdre de l'argent et des forces. Car, en cas de guerre, s'il fallait la défendre, il y faudrait envoyer une garnison considérable dont le ravitaillement coûterait cher et emploierait, en la compromettant, une escadre dont les navires pourraient être plus utilement employés ailleurs. Ce n'est plus la mode dans les guerres modernes de brûler ou de piller les villes marchandes qui ne peuvent ni nuire ni inquiéter. Saint-Pierre serait d'autant plus à couvert de tout danger, qu'en somme sa prospérité étant le résultat de l'industrie et des capitaux anglais, américains et français, sa population étant inévitablement mixte, tout le monde serait également intéressé à lui accorder le perpétuel bénéfice de la neutralité ; et quand même une des puissances belligérantes auxquelles nous pourrions avoir affaire jugerait utile d'y remplacer notre pavillon par le sien, ce ne serait jamais qu'une mesure transitoire. A la conclusion de la paix, Saint-Pierre nous serait nécessairement rendu comme il nous l'a toujours été en 1783, en 1802, en 1814, en 1815.

Une pareille œuvre serait une des plus belles qui pût être accomplie de nos temps, et des plus conformes aux tendances modernes. Ce qui en soi est toujours un grand mérite ; et, on ne saurait trop le répéter, l'exécution en serait facile, puisqu'en réalité il ne s'agirait réellement que d'écarter des obstacles devenus ridicules, et d'aider un peu à la naissance de ce qui demande à naître.

CHAPITRE III.

Sydney.

Le peu de choses que nous avions à faire étant terminé, *le Gassendi* leva l'ancre et partit pour Sydney. Nous franchîmes de nouveau l'entrée de la rade et, avec un plaisir assez vif, nous perdîmes de vue le cap à l'Aigle et son front aussi chauve que celui d'un vautour. Nous aperçûmes un bout de Miquelon, et cela suffit pour la satisfaction des yeux. Bien que, sur la carte, cette île présente un développement plus considérable que Saint-Pierre, en réalité ce n'est rien. Elle n'est habitée que par un très-petit nombre de familles de pêcheurs. Elle n'a pas plus d'arbres que Saint-Pierre; toutefois les herbages y poussent un peu mieux, et on y admire, si l'on veut y aller, une espèce de ferme. Dans la topographie locale, l'île est divisée en deux : la grande et la petite Miquelon, qu'une langue de sable réunit. Quand Saint-Pierre sera devenu une cité, peut-être Miquelon deviendra-t-elle un jardin. En attendant cet heureux jour, ce n'est rien.

Il faisait très-beau temps. Le ciel était bleu comme dans des zones plus favorisées, et on découvrait, au nord, le relief accidenté de la grande terre. L'ombre des nuages s'y prolongeait par places, et par places aussi le rayonnement du soleil montrait les bois descendant de façon à mouiller, dans les eaux marines, le pied de leurs arbres.

Nous pouvions contempler de loin ce spectacle sans éprouver beaucoup d'impatience de le voir de plus près, car nous étions assurés d'avance que nous aurions ce plaisir, et peut-être un peu plus longtemps que nous ne finirions par le désirer. Dans toutes les choses de la vie, c'est là le pire, a dit Gœthe : on obtient toujours ce que l'on a souhaité : mais ou trop tard ou à trop forte dose.

Par un si beau ciel, une si belle mer, ne laissant aucun regret, nous étions, pour le moment, parfaitement heureux, et d'autant plus, que Sydney est considéré comme le paradis de ces parages. On en entend raconter tant de merveilles que, naturellement, on ne peut être que fort satisfait lorsque la vapeur vous y porte.

Grâce au soleil resplendissant qui nous couvrait de sa lumière et un peu de sa chaleur, la journée se passa sur le pont dans un bien-être auquel on n'était plus accoutumé, et aux premières lueurs du jour, je dis à ce moment où il y a encore plus de ténèbres que de clartés, mais où ces ténèbres commencent à blanchir, nous aperçûmes la côte du Cap-Breton, qui courait à notre gauche parallèlement à nous.

C'est une vaste plage s'élevant en amphithéâtre par des ondulations prolongées jusqu'à des hauteurs moyennes. Ce sont, à l'horizon, de grandes lignes harmonieuses qui unissent les montagnes aux collines, et se découpent noblement sur le ciel. Ce sont des forêts d'arbres très-différents, où dominent cependant les conifères ; ce sont des plaines d'une belle verdure, au milieu desquelles apparaissent quelquefois les toits d'une ferme. De loin, avec le secours de la lunette, on peut même apercevoir quelques bestiaux, et l'oreille croirait presque entendre les clochettes. Mais.... il vaut mieux ne pas dire *mais* quand il s'agit d'un mérite, c'est encore le désert que toute cette contrée.

Les fermes sont rares, et quant à des villages, je ne suis pas assuré d'en avoir découvert un seul. Les forêts sont telles que Dieu les a créées, et elles poussent librement sans que personne les arrête. Les plaines sont quelquefois entourées de clôtures, mais elles n'en sont pas plus habitées. L'homme est sur ce sol à l'état de prétendant ; peut-être la nature l'a-t-elle déjà adopté, mais elle se porte bien et lui fera attendre longtemps encore l'ouverture de son héritage. C'est ce qu'on voit déjà assez clairement de deux milles en mer.

Cependant ce paysage a du charme. Je ne veux pas dire que la beauté du temps, la tiédeur de l'air n'aient ajouté beaucoup de mérite au tableau. Rien n'est plus vraisemblable, mais les admirateurs de Sydney, et je crois que tous les marins sont de ce nombre, assurent que le climat du Cap-Breton est le meilleur de ces parages, et que le beau temps n'y constitue nullement un coup de théâtre ainsi qu'à Saint-Pierre. Nous poursuivions notre route en savourant l'application de ces on dit et en regardant ces belles rives, quand la mer se montra à nous, comme l'embouchure d'un vaste fleuve, entourée de rives, pénétrant par des bras d'une largeur majestueuse dans un horizon de verdure, de forêts, s'enfonçant en méandres doucement contournés sous les profondeurs des arbres, et belle, en un mot, comme le plus beau des lacs, comme le plus pittoresque des bassins que la Suisse puisse offrir aux yeux de ses admirateurs. Mais ce n'était pas un lac ; c'était bien la mer, c'était bien l'océan qui se faisait fleuve, rivière, ruisseau même, et se montrait à nous, pénétrant, découpant l'intérieur des terres comme sa propriété à lui, et nous conviant à entrer dans son domaine.

C'est un des plus charmants aspects que l'homme puisse contempler. Seulement, les juges impartiaux remarqueront, observation peut-être inattendue, qu'il ne porte pas avec lui l'impression de la majesté et de la grandeur. C'est en vain qu'il vous montre l'Océan lui-même, étendant ses nappes énormes dans le sein de vastes terres, amenant par sa profondeur soutenue les plus puissants navires au cœur des forêts, se multipliant à plusieurs lieues de ses rivages en une série de lacs intérieurs d'où il s'échappe encore pour se transformer humblement en mille ruisseaux. C'est en vain, dis-je, que des montagnes ardues se dressent à l'horizon où, dit-on, elles ont encore des retraites pour les ours gris, et que des forêts sans bornes les revêtent de leurs épais manteaux. Ce spectacle est vaste et n'est pas grand. C'est l'idéal d'un jardin anglais gigantesque. Il s'en faut de peu que l'esprit ne trouve toute cette nature trop jolie, trop peignée et point du tout rustique. Tout cela paraît jeune et manque de vigueur. Mais on comprendra mieux cette impression lorsqu'on verra les choses de plus près.

Nous étions donc entrés dans le vaste golfe, et déjà nous apercevions distinctement les marais de Sydney-Mines, lorsque nous fîmes rencontre du *Ténare*, aviso à vapeur comme nous, et appartenant à la division, qui s'éloignait de la côte et allait s'enfoncer dans les terres pour gagner Sydney-Ville. M. G..., capitaine de frégate, commandant *le Ténare*, vint à bord du *Gassendi*, et m'offrit de quitter le navire et de passer à son bord pour arriver plutôt à Sydney-Ville. Cette promenade me tenta et, au bout de quelques instants, la baleinière du *Ténare* nous emmenait.

Je ne ferai pas de ce nouveau navire une description détaillée, attendu qu'il ressemble beaucoup au *Gassendi*, et je pourrais courir le risque de me répéter, d'autant plus que je fus plus frappé et amusé des différences imperceptibles qu'il ne serait peut-être facile de l'expliquer. J'aimais sincèrement mon *Gassendi*; mais l'esprit de l'homme est ainsi fait que le nouveau est rarement malvenu, de telle sorte que le *Ténare* me parut admirable. Je contemplai même avec une respectueuse déférence ses deux énormes tambours qui rappellent les donjons du moyen âge et font le désespoir des novateurs, et comme j'étais acquis corps et âme à tout ce qui appartenait à la Division, je m'indignai consciencieusement du nom malsonnant de *Traînard* que, par un jeu de mots odieux, des malintentionnés n'ont pas craint d'appliquer à ce respectable bâtiment. Je remontai donc avec cette nouvelle connaissance dans la direction de Sydney-Ville, et mes impressions au sujet du paysage qui s'offrait aux regards allèrent toujours se fortifiant à mesure que je voyais mieux les choses. Sur le rivage à droite, de jolies habitations de campagne d'un aspect gai et riant se montraient entourées de clôtures, et pareilles à des maisons d'opéra-comique, longeant une grande route étroite comme celles qu'on voit sur les bords du Rhin qui ressemblent à des allées de jardin. A gauche, une série de maisons ombragées d'arbres aboutissaient à la ville proprement dite, bâtie en bois, aussi propre et coquette que Saint-Pierre est sordide, alignée au cordeau de manière à former des rues larges comme des places publiques; plusieurs églises se montraient au milieu, le tout combiné et arrangé dans le goût des joujoux d'Allemagne. Enfin le long de l'eau, une série de débarcadères en planches conduisant à des habitations ou à des magasins, le tout entremêlé d'arbres et de pelouses vertes, de façon à mêler la vie champêtre à la vie maritime de la manière la plus charmante. Le tableau complet est fort aimable parce qu'il n'a rien d'exclusif ni d'absolu, rien de heurté ni d'exclusif, et par cela même rien de surprenant, de saisissant, de grand.

Au bout d'une série de débarcadères, nous en aperçûmes un fort beau et fort large qui servait de terrasse à une jolie maison à un étage, flanquée d'un mât de pavillon où flottaient les couleurs françaises.

C'était la demeure de notre agent consulaire, M. B..., originaire de Jersey, membre de la législature de la Nouvelle-Écosse. *Le Ténare* mouilla en face de cette maison; car, soit dit encore une fois, la profondeur des eaux est telle que les navires peuvent aller partout. Nous étions arrivés; il ne s'agissait plus que de satisfaire les premiers instincts de la curiosité qui m'avait amené, en allant à terre.

Naturellement, notre première visite, car le commandant G... voulut bien se faire mon guide, fut pour M. B... Cet excellent homme est fort apprécié et aimé de nos états-majors. Il nous accueillit comme il est accoutumé à le faire pour tous les Français que la Division navale conduit chez lui depuis tant d'années. Il nous présenta à Mme B... et à sa famille. Je dis *nous* et ce n'est pas exact. Car le commandant G... qui, tous les ans, revient dans ces mers depuis plus de vingt ans, n'a plus besoin de présentation dans aucune de ces demeures. Il a vu naître et grandir toute la jeune génération; il a fait sauter sur ses genoux toutes les belles jeunes filles d'à présent et il en fait autant pour celles qui seront belles dans quelques années. Quand il est en rade dans quelques-uns des ports de ces côtes, il a toujours des gâteries pour les enfants grands et petits; aussi depuis Halifax jusqu'à la baie de Belle-Isle, l'arrivée du *Ténare* est-elle toujours désirée, prévue, calculée, et du plus loin que le navire est aperçu, toutes les fenêtres s'ouvrent, tous les visages s'éclairent d'un bon sourire. Il ne faudrait pas jurer que le commandant ne soit le confident de tous les secrets. Il n'avait donc pas besoin d'être présenté puisque partout, en quelque sorte, il est chez lui.

Nos devoirs remplis, nous allâmes parcourir la ville. Du dehors elle paraît beaucoup plus grande qu'elle ne l'est en réalité. C'est plutôt une apparence de ville qu'une cité réelle. Les rues ont été tracées sur un plan qui n'était pas modeste. Les fondateurs semblent avoir eu en vue de ne pas gêner un développement comme celui de Boston ou de New-York, et rien n'annonce que les choses doivent en arriver là. J'ai remarqué peu de constructions récentes et au contraire un certain nombre de demeures vides. L'herbe croît de toutes parts avec une exubérance qui prouve suffisamment que peu de pieds la foulent. Certains quartiers, je dirai même la plupart des quartiers, ne sont que des espaces clos de planches, attendant des acquéreurs et tout ce qui s'ensuit. On assure que la population, bien loin d'augmenter, diminue et que la jeunesse des deux sexes n'a pas plutôt atteint l'âge du libre choix qu'elle émigre volontiers aux États-Unis.

Jusqu'au temps de la guerre de Crimée, une compagnie d'infanterie anglaise tenait garnison à Sydney. C'était un âge d'or que les jeunes demoiselles se rappellent et qui en fait soupirer quelques-unes. Les officiers étaient aimables et épousaient volontiers les filles de quelque fortune. Les sergents et les soldats ne portaient pas auprès des femmes de leur rang des sentiments moins louables; car il n'est pas de nation au monde qui soit plus disposée au mariage que la race anglaise. Si la polygamie ne lui était heureusement interdite, elle épouserait l'univers. Aujourd'hui ces heureux temps ne sont plus. La garnison n'est pas revenue à Sydney, et les horreurs du célibat menacent de faire une quantité de victimes, car les épouseurs civils sont bien peu nombreux. Il en résulte une teinte de mélancolie. Heureusement que mille causes peuvent encore combattre, momentanément du moins, cette impression, et quelques jolis visages ne demandent encore qu'à briller des couleurs de la gaieté.

Mais la ville de Sydney, ses maisons, ses édifices, ses rues, voire même sa population féminine ou masculine, n'étaient pas précisément ce qui m'avait fait descendre du bord en grande hâte. J'avais aperçu ou plutôt on m'avait fait remarquer de loin plusieurs sauvages, et j'avais un désir extrême d'approcher de plus près ces anciens maîtres du pays. Je m'empressai donc de satisfaire ma curiosité en m'arrêtant devant un groupe d'hommes, de femmes et d'enfants qui descendaient lentement la route.

Au premier abord, je crus retrouver d'anciennes connaissances. Ce ne sont pas des Peaux-Rouges, mais des demi-Esquimaux, et dans cette race à peau brune, à cheveux noirs, épais, gras et plats, au nez déprimé, aux yeux à demi ouverts, légèrement obliques, on saisit une ressemblance marquée avec les Ouzbeks, les Hazarèhs, les Turcomans, qui habitent l'Asie centrale. La physionomie, sans doute, n'est pas absolument la même, parce que l'expression du visage se modifie suivant les habitudes de la vie, et qu'il n'y a pas de rapports d'existence entre les cavaliers nomades, les belliqueux pillards dont je parle, et les pacifiques débris des grandes nations aborigènes de la Nouvelle-Écosse. Mais la construction osseuse est la même et, chez les femmes dont la vie se ressemble un peu partout, je retrouvai l'image, cette fois complétement exacte, des otages turcomanes de Téhéran.

Les unes et les autres appartiennent, en effet, à cette race jaune, peut-être la plus nombreuse de toutes celles qui ont paru sur le globe, à coup sûr la plus voyageuse. Le rameau qui a remonté des environs du fleuve Amour, traversé le détroit de Behring et débordé sur les régions septentrionales de l'Amérique, était là présent à mes yeux, au milieu de la rue de Sydney, dans les personnes de cette poignée de pauvres diables; tandis que j'avais jadis rencontré leurs parents, les descendants encore victorieux des anciens Mongols et Tatares, conquérants du Turkestan, de l'Inde et de la Perse.

Les premiers spécimens de cette race antique dont je fis la connaissance ne présentaient certes pas un aspect héroïque. Les hommes étaient vêtus de sordides défroques anglaises, et portaient de la façon la plus horrible, sur leurs grosses têtes, des chapeaux noirs cruellement bosselés et défoncés. Les femmes traînaient sur elles des robes d'indienne de couleurs douteuses, des châles de laine qui n'étaient pas plus propres, et ne conservaient guère de leur goût natif que des colliers de verroterie rouge ou bleue, et leurs longs cheveux huilés pendant sur le dos et comprimés sous des chapeaux féminins à la mode européenne, pauvres chapeaux qui en auraient eu long à raconter, s'ils avaient pu dire le lieu de leur naissance, leurs voyages et leurs aventures, et dont quelques-uns, par une ironie cruelle, conservaient encore des fleurs. Je me contentai du premier coup d'œil, et, comparant le passé de ces pauvres gens avec leur présent, je m'en allai un peu ému de la tristesse de leurs regards, de l'effacement de leur sourire, de leur expression de résignation complète et d'humilité.

Ces sauvages, couverts de haillons européens, cette ville nouvelle, demi-village, demi-désert, les bois pressés alentour, des défrichements récents montrant sur la terre dépouillée les souches noircies de l'incendie qui a fait disparaître la forêt, les *log-houses*, huttes grossières et comme primitives des pionniers, tout cela rappelait vivement à l'imagination les romans américains de Cooper, et on pouvait juger de la vérité saisissante des descriptions du romancier.

Il n'y a rien de plus caractéristique que cette nature encore à demi libre, animée par la présence d'une population qui n'a rien de rustique ni d'agreste. Au milieu des bois sauvages passent des routes tracées d'après les plus récentes méthodes. Dans le paysage circulent des femmes en chapeaux qui ont plutôt l'air d'ouvrières des grandes villes que de paysannes, ou pour mieux dire, la population champêtre n'existe pas du tout : il n'y a là que des spéculateurs. Je veux bien que la naïveté et l'innocence des champs ne soit, dans l'univers entier et surtout en Europe, qu'une convention ; mais encore l'air libre des campagnes nous semble-t-il chez nous s'arranger assez bien, ne pas faire contraste avec les costumes et les allures des habitants du pays. Ici c'est, au contraire, un désaccord perpétuel et on serait tenté de prendre tous ces prétendus cultivateurs pour des masques et de les renvoyer dans des fabriques, leur séjour naturel.

On comprend bientôt, en effet, que le pays est habité par ces gens, mais non pas peuplé. Ce n'est pas pour eux une patrie. Ils exploitent le sol et ne l'aiment pas. Ils en tirent le plus de gain possible. Mais si un gain supérieur se fait entrevoir à cent lieues de là, ils y courent avec empressement et ne laissent derrière eux ni souvenirs ni regrets. Ils peuvent être honnêtes, sans doute, là comme ailleurs ; mais leur façon démocratique de voir, de comprendre le travail et d'exploiter les forces de la nature, n'a rien de noble, ni rien surtout qui relève le sens moral.

Il y a à tout ceci des exceptions très-dignes de remarque et qui confirment la règle. Je les dirai plus tard, car je ne m'en aperçus pas dans cette première promenade.

Le soir qui descendait rapidement, éteignant à l'horizon les dernières lueurs du couchant, nous fit jeter un dernier regard sur le manteau bariolé des forêts où les teintes rougeâtres de l'érable se mêlent par place à la verdure sombre des sapins et des pins comme au feuillage argenté du bouleau. Nous vîmes les derniers feux du ciel se refléter dans les eaux calmes du golfe, et nous regagnâmes le bord où le cuisinier du *Ténare* s'était escrimé de façon à soutenir une réputation qui valait la peine d'être comptée.

Ce n'est pas un médiocre mérite que celui d'un bon cuisinier naval. Il a bien d'autres difficultés à vaincre que ses confrères de terre ferme. Il ne lui suffit pas, comme à eux, d'être passé maître dans les finesses du métier et reçu docteur *in utroque jure*, supérieur pour le rôt comme pour la friture. Il doit encore savoir exécuter ses chefs-d'œuvre dans un espace minuscule où son génie est nécessairement à l'étroit et avec une parcimonie d'instruments réduits au plus strict nécessaire. Il n'a pas la joie de se voir debout au centre d'un vaste laboratoire, entouré d'aides de camp, animés comme lui par les feux de vingt fourneaux, et maniant d'une main hardie cent casseroles rutilantes.

Le cuisinier naval habite un trou. Il est seul à exécuter ses conceptions. Il partage avec les profanes un sol toujours mouvant sous ses pieds, et, ce qui est plus grave encore, il en est réduit, dans un grand nombre de circonstances, aux ressources de son imagination pour suppléer aux matières premières qui lui manquent. Là, point de marchés, point de halles, point de marchands de comestibles à proximité, et cependant, il est souvent appelé à seconder l'arbitre suprême du bord, dans la tâche impérieuse de maintenir à une juste hauteur l'honneur du nom français. C'est sur lui, sur lui surtout que repose le soin de donner aux habitants des terres lointaines un juste respect pour les mérites de notre hospitalité.

D'ailleurs, s'il est seul au travail, il a à côté de lui des rivaux, des gens du métier qui surveillent ce qu'il sait faire et, artistes comme lui, sont là pour le juger. En face de la cuisine du commandant est celle des officiers, et les deux chefs se mesurent de l'œil, appuyés sur leurs fourneaux, luttant d'adresse et d'imagination, tandis que le maître coq de l'équipage qui fume sa pipe à quelques pas n'est pas toujours décidé à se reconnaître pour leur inférieur.

On a beaucoup vanté dans l'histoire héroïque de la cuisine française le trait de cet officier de bouche de M. le maréchal de Richelieu qui, dans la campagne de Hanovre, sut faire sortir des flancs d'un bœuf un dîner complet à quatre services, suivi de son dessert, et qui ainsi permit au général en chef de mener à bien une négociation laborieuse. Cet exploit sans doute est digne de louange. Mais la cuisine navale compte par milliers des traits semblables. L'esprit d'invention y domine à un rare degré et produit les effets les plus inattendus.

Ce jour-là, le cuisinier du *Ténare* nous en donna une preuve en nous faisant manger une sole à la normande qui recueillit d'autant plus de suffrages que la sole est un poisson inconnu dans ces mers. Interrogé sur la façon dont il s'y était pris pour se procurer celle qu'il nous avait servie, il raconta avec la modestie du vrai talent que, par la force de son art, il avait métamorphosé en soles quelques misérables plies. A dater de ce jour, les soles du *Ténare* acquirent une réputation qui, je l'espère, ne fera que se fortifier et s'étendre.

Quelquefois aussi, il arrive que ces essais de transformation sont d'une nature beaucoup plus hardie, et on raconte à ce sujet l'histoire d'un certain pâté de lièvre qui fut trouvé délicieux par d'heureux convives. Il était fabriqué avec les parties les plus résistantes d'une espèce de pingouin, qui tient plus, quant à la chair, du poisson que du volatile et dont la nature huileuse convient à merveille à l'estomac des Esquimaux. Mais l'assaisonnement était composé d'une façon si savante, qu'au premier abord on ne s'apercevait de rien ; on retrouvait même le goût du lièvre à un haut degré. Il est vrai que la digestion de ce chef-d'œuvre ne fut pas des plus faciles et faillit priver la marine française d'un amiral. Mais la gloire n'en est que plus grande pour le cuisinier qui avait su produire avec un si faible moyen, une si puissante illusion.

Par bonheur, la sole normande était une invention d'une nature plus modeste ; l'occasion d'ailleurs était beaucoup moins solennelle. Son succès n'amena donc aucun retour fâcheux, et le lendemain je regagnai *le Gassendi* à Sydney-Mines, heureux d'avoir pu me faire une première idée d'une cité où j'allais revenir dans la journée même et très-curieux de jeter aussi un regard sur les lieux où j'avais momentanément laissé mes compagnons de voyage.

Sydney-Ville est le point où la division française de Terre-Neuve vient plusieurs fois, dans le cours de la campagne, chercher ses vivres et surtout sa viande fraîche. Mais Sydney-Mines, située un peu plus bas à l'entrée du golfe, fournit le charbon tiré des mines qui abondent dans cette localité. Nous avions rencontré *le Ténare* au moment où il venait de remplir ses soutes de ce qui fait la vie des bâtiments à vapeur, et *le Gassendi* était en ce moment occupé à l'imiter, car notre traversée depuis Brest avait fait une brèche considérable à notre approvisionnement de combustible et on s'en apercevait de reste à voir combien nous étions devenus légers sur l'eau, et surtout on le sentait aux oscillations que nous occasionnait ce défaut de poids.

En mettant le pied sur le pont, je trouvai le navire de Sa Majesté, transformé en bateau charbonnier. L'air était obscurci par une poussière noire qui pénétrait partout. Les planchers toujours si propres étaient devenus méconnaissables; les hommes de l'équipage n'avaient plus figure humaine sous la couche épaisse de vernis qui en faisait des ramoneurs, et le bruit caverneux du charbon qui s'engouffrait rapidement sous leurs mains dans les conduits des soutes, faisait retentir l'air d'un tel vacarme qu'on ne pouvait se parler avec l'espérance de s'entendre. Dans de pareilles situations, les officiers, à peu près aussi propres que leurs hommes, sont fort mélancoliques, les commandants rêvent à la peinture qui sera largement prodiguée pour faire disparaître les traces de cette crise, et ce qu'il y a de mieux à faire, c'est de s'en aller respirer ailleurs. Je n'y manquai pas.

Sydney-Mines, au point de vue du paysage, ressemble beaucoup à Sydney-Ville, dont quelques lieues la séparent, mais en tant que lieu habité, il paraît destiné à un avenir plus brillant. Le précieux combustible que son sol fournit avec une abondance extrême, attire sur ce point un grand nombre de navires qui viennent là faire des chargements destinés à la Nouvelle-Écosse et à Terre-Neuve. Beaucoup de petits débitants se sont établis sur ce point ainsi fréquenté, et l'exploitation des mines a également déterminé bon nombre d'ouvriers à venir avec leurs familles. Cette population, d'ailleurs si différente du monde maritime, n'habite pas précisément Sydney-Mines, mais forme à elle seule une espèce de village dans la proximité des excavations, de sorte que si l'on voit sur le bord de la mer bon nombre de culottes goudronnées et de bonnets de laine, on rencontre à quelques pas de là assez de gens vêtus de méchants habits noirs et de chapeaux de rebut, sur lesquels s'attache la lampe du mineur.

Je ne suis pas descendu dans les galeries. Je me suis contenté de contempler de haut les boîtes de bois sales, boueuses, qu'une machine à vapeur fait tour à tour monter et plonger dans la profondeur, et qui ramènent à fleur de terre et à la clarté du jour, tantôt d'énormes masses de charbon, tantôt des ouvriers sordides que les premiers attouchements de la lumière éblouissent et font vaciller. J'ai contemplé, comme un ignorant que je suis, le jeu brutal des grandes mécaniques faisant sortir à gros bouillons l'eau qui menace incessamment d'inonder les galeries. J'ai admiré la physionomie impassible de ces surveillants, suivant d'un œil constamment attentif la marche de certains balanciers qui en pensent au moins aussi long que ceux qui les regardent à perpétuité; j'ai vu monter et descendre sur les plans inclinés garnis de rails les wagons chargés du produit des travaux, et j'en ai eu assez.

Malgré tous les efforts et l'habileté des ingénieurs, on n'a pas pu empêcher un des puits d'être envahi par les eaux. Ces sortes d'accidents entraînent des pertes considérables et des frais non moins énormes pour ouvrir de nouvelles voies à l'exploitation. Ils sont d'autant plus difficiles à éviter que les couches de charbon de terre vont se prolongeant dans toutes les directions, et passent sous la mer qui trouve trop aisément moyen de s'y infiltrer. La mer est ici partout la maîtresse, et partout on la rencontre. Elle n'est pas encore bien décidée à abandonner ce domaine qui lui échappe. Elle n'a pas reconnu bien définitivement le droit de la terre à exister à côté d'elle.

De merveilleux débris géologiques sortent de ces mines avec le charbon. On y admire des spécimens particulièrement beaux de la flore primitive, et surtout des fougères conservées avec une délicatesse et une perfection dont rien n'approche. Du reste, je préférai retourner dans le voisinage des hommes à contempler plus longtemps des choses dont je n'ai pas le sens, et ayant aperçu au bord du golfe, sur une plage sablonneuse parsemée de quelques maigres sapins, certaines constructions d'une forme bizarre, j'y courus pour me rendre compte de ce que c'était.

C'étaient quatre ou cinq huttes de sauvages, des wigwams comme ceux d'Uncas et de Chingachgook. Libre à moi cette fois de me croire transporté en corps et en âme au centre d'un récit de pionniers. Les wigwams étaient religieusement construits d'après les vrais principes de l'architecture indienne; une douzaine de perches formées de jeunes arbres et placées en rond soutenaient une sorte de carapace en écorces de bouleau; une ouverture suffisante pour laisser entrer les habitants servait à la fois de porte et de fenêtre, et un trou circulaire placé au sommet permettait à la fumée du foyer de sortir; mais je me doute que cette fumée ne consent d'ordinaire à s'en aller qu'après un séjour assez obstiné pour déplaire gravement aux gens délicats.

Sur le rivage, deux bateaux également en écorce et d'une légèreté surprenante ne rappelaient pas moins les descriptions si connues de la vie des naturels; mais ce qui faisait contraste et dissipait toute illusion, c'était le costume que j'avais déjà vu à Sydney-Ville et que je retrouvais là, et surtout les occupations paisibles de ces fils de la forêt. Des hommes travaillaient à polir des planches. Quelques femmes vidaient des poissons et se préparaient à les faire rôtir au feu. Deux jeunes filles tressaient des paniers, et quelques enfants demandaient l'aumône. C'était de plus en plus le spectacle de la décadence : la misère avant-courrière de la mort.

CHAPITRE IV.

Séjour à Sydney.

Le lendemain, *le Gassendi* s'était à peu près lavé. Ses provisions de charbon de terre étaient faites. Il avait atteint Sidney-Ville et se tenait à côté du *Ténare*, en face de la maison du vice-consul. Les pots de peinture étaient en l'air ; quelques matelots, le pinceau à la main, mettaient ici du blanc, et là du noir, avec l'air absorbé que comportait une occupation aussi sérieuse. D'autres frottaient les canons afin de leur donner un lustre convenable. Les mousses faisaient subir la même toilette aux boulets, ou polissaient avec enthousiasme tout ce qui était cuivre à bord et qui bientôt se mit à reluire comme de l'or. Nous étions au mouillage, et un besoin général d'élégance mettait chacun en activité. On avait momentanément rompu avec le laisser aller inévitable d'une traversée dans ces mers désagréables. Ce jour-là et les jours suivants, le clairon annonça tous les matins l'ascension des couleurs nationales à l'arrière des deux bâtiments, et, tous les soirs, leur descente. A ces deux moments, chacun se découvre sur le pont, et salue avec respect l'insigne brillant de la patrie absente. La vie militaire s'accusa aussi davantage à côté de la vie navale. L'exercice du fusil et celui du canon réclama une partie des journées des deux équipages. Une existence paisible, mais occupée, s'établit pour tout le monde.

Rien n'égale le calme profond qui règne en pareille circonstance sur un navire de guerre. Il n'y a pas couvent de filles plus paisible et mieux tenu. Hors des heures de manœuvre et d'exercice, une partie des hommes obtient la permission d'aller à terre, et l'on voit l'embarcation s'éloigner tranquillement du bord, sans bruit, sans cris. Quelques marins se promènent à l'arrière, en causant en paix. Un homme de garde veille sur la dunette et signale tout ce qui se passe à bord de l'autre navire, sur la mer et sur le rivage; quand un canot passe à proximité, il le hèle. Un autre factionnaire veille auprès de l'escalier. Les mousses jouent dans quelque coin, rient derrière un canon, finissent par élever trop la voix et sont rappelés à l'ordre par un sévère contre-maître. Si ces figures malicieuses et mutines osent se montrer un peu trop barbouillées, si les mains ne sont pas strictement nettes, si la chemise est un peu trop débraillée, on entend les surveillants qui, en réparant le mal, gémissent sur l'incurie de la jeunesse, dans les termes exprès qu'emploient les ménagères en semblables occasions. Les entretiens particuliers de messieurs les mousses ne sont pas à dédaigner. Il fait beau surprendre à la volée leurs observations quand ils parlent marine et se communiquent leurs impressions et leurs jugements. Il y en avait un, plus âgé que les autres, et qui croyait avoir vu des choses plus notables. Il tenait à expliquer à ses camarades ce que c'était qu'un vaisseau de ligne, et les obligations plus strictes qu'on y imposait à l'équipage, et s'apitoyant à l'avance sur le sort du plus jeune de ses auditeurs qui l'écoutait avec componction, en ouvrant démesurément de grands yeux bleus : « Que ferait, mon Dieu ! disait-il, que ferait le petit Leroy à bord d'une escadre ? »

Cette question, qu'en effet personne ne s'était jamais posée, fut entendue par hasard et nous amusa; car on s'amuse de peu de chose, et il faut tirer parti des plus petits incidents. Je ne me rappelle pas sans charme ces belles nuits où la lune éclairait au loin le golfe, et faisait resplendir les eaux de sa tremblante lumière. Pendant des heures, nous nous promenions sur le pont silencieux, en savourant avec un plaisir infini ce repos profond. Dans l'existence, toute d'aventures et d'imprévu qui fait la vie du bord, de pareils armistices avec le hasard ne laissent pas que d'avoir aussi leur douceur. Quand on est en mer, le commandant et les officiers sentant le poids de leur responsabilité, ne sont jamais absolument dégagés, sinon d'inquiétudes, sinon de soucis, au moins d'une préoccupation très-réelle. Ils passent leur vie à regarder autour d'eux et à raisonner sur ce qu'ils voient ou ne voient pas. A part les accidents que la mer et le vent amènent, il n'est jamais certain qu'au large on n'abordera pas un autre navire, dans la nuit, ou à défaut de navire, une glace flottante. Est-on dans le voisinage des côtes, une erreur de calcul, une distraction, l'effet d'un courant, mille causes peuvent vous faire toucher. Est-on même au mouillage, si le lieu n'est pas sûr, une amarre qui casse par un mauvais temps suffit pour tout compromettre.

A part ces motifs de réflexion qui sont de nature assez majeure, on n'est pas à son aise quand on est mouillé toute la journée, quand le roulis est tel que tout repas tranquille est impossible, et qu'il faut s'ingénier pour ne pas voir ce qu'on voudrait manger vous sauter à la figure.

La table seule a déjà un aspect sinistre. Plus de nappe, plus d'ordonnance pour les plats et les ustensiles de la réfection. Les bouteilles et les assiettes, réduites au strict nécessaire, sont assujetties, tant bien que mal, dans un réseau de cordes ou maintenues par des chevilles à peu près semblables à celles qu'on emploie au jeu du solitaire. L'un se met à cheval sur sa chaise pour mieux suivre les mouvements du roulis. L'autre entoure de ses jambes les pieds de la table. Un troisième s'estime plus solide, s'il est assis par terre dans un angle de la chambre. C'est une lutte où le génie de l'homme n'est pas toujours victorieux des petites malices de la nature. Et soudain un bruit épouvantable se fait entendre. Qu'est-ce donc? C'est une grosse lame qui a fait invasion sur le bord, a pénétré par le capot et inondé deux ou trois chambres dont les heureux possesseurs ne dormiront pas cette nuit-là.

Ces petites misères qui, une fois par hasard, ne font que fouetter le sang de celui qui s'y voit en butte, et peuvent même le distraire et l'amuser, deviennent, à la longue, singulièrement monotones et irritantes. Plus elles sont mesquines et souvent assez ridicules pour qu'on n'ose trop s'en plaindre, plus, en se répétant, elles fatiguent. Rien n'en dédommage, pas même l'héroïsme avec lequel on les supporte, et il en résulte une fatigue et un dégoût qui font que je m'explique assez peu qu'on ait ou du moins que l'on conserve après le feu de la première jeunesse, une bien grande partialité pour la vie maritime.

Quoi qu'il en soit, échapper momentanément à une partie de ces ennuis, savoir que l'on va déjeuner, dîner, dormir en paix, ce sont de bien petits bonheurs sans doute, et des bonheurs négatifs ; ils suffisent cependant à donner à un bon mouillage une partie de son mérite, en permettant à l'esprit de se détendre.

Les journées, bien que calmes et paisibles, passaient donc assez vite. Quelques-uns d'entre nous allaient à la chasse, d'autres essayaient de faire des pêches miraculeuses. Déjà un peu las des morues, on se rejetait avec fureur sur les truites qui n'étaient guère moins abondantes et sur les saumons qui auraient dû l'être. Puis on faisait des visites aux personnes du pays. Sydney serait un peu abandonné du reste du monde, si la division navale française n'y venait pas chaque année. Presque jamais les navires de guerre de Sa Majesté Britannique n'y paraissent. Aussi, nos marins y sont-ils accueillis avec d'autant plus d'empressement qu'ils n'y ont pas de rivaux. La plupart des officiers avaient déjà visité plus ou moins fréquemment cette côte ; c'étaient d'anciennes connaissances; ils étaient au fait de toutes les histoires du pays et ils présentaient les nouveaux venus qui, bientôt, n'étaient pas moins bien reçus qu'eux-mêmes.

Dans ces régions lointaines, au milieu de ces habitations perdues, les étrangers sont toujours désirés. Ils apportent l'air du dehors et un peu de ce mouvement social qui manquerait presque complétement sans eux. Il faut bien l'avouer, les habitants de Sydney ne s'amusent pas trop, et la jeunesse, du moins, y est affamée de distraction et de plaisir. J'ai dit plus haut que les jeunes gens n'étaient pas en grand nombre. Les faibles ressources qu'offre le pays pour faire fortune, éloigne de très-bonne heure ceux qui y sont nés et qui, d'ailleurs, ont dû aller chercher leur éducation loin de la maison paternelle, soit à Halifax, soit aux États-Unis, soit même en Angleterre. A leur place viennent, à la vérité, quelquefois, d'autres personnes qui, en fait d'agitation joyeuse, ne sont pas tout à fait propres à les remplacer, mais qui, néanmoins, introduisent dans la petite société de Sydney un élément très-propre à en relever la distinction.

On sait combien d'Anglais poussent jusqu'à l'extrême la passion de la pêche et de la chasse. Il est donc advenu que des voyageurs amenés de la métropole par ce double intérêt ont pris goût au séjour de cette terre tranquille et, au bout de quelques années, ont fini par s'y attacher tout à fait. L'abondance du poisson a commencé par les charmer ; puis ils sont partis; puis la vie mondaine est arrivée pour eux avec ses épreuves. Ils se sont souvenus du séjour de paix profonde entrevu dans leurs jeunes années; plusieurs sont revenus s'y fixer tout à fait. Dégoûtés de tout, ils ont cherché le calme là où certainement il est absolu, et ils ont abdiqué au milieu de ces bois tous les souvenirs, tous les désirs, mais non pas toutes les habitudes de vie élégante qu'ils ont autrefois connues. Parmi ces solitaires on pourrait découvrir sans trop chercher les héros de plus d'une histoire romanesque aujourd'hui oubliée dans un monde qui en voit tant et qui ne tient pas registre des victimes. Une fois, dans le cours de mon voyage, mais non pas à Sydney, il m'arriva d'entrer dans une petite maison, au milieu des bois, pour y demander du feu. Un étroit jardin que garnissaient quelques fleurs communes entourait le seuil de la porte. En pénétrant dans l'intérieur, je me trouvai au milieu d'une école où de très-jeunes enfants récitaient leur leçon devant un maître qui malgré ses cheveux grisonnants, ne paraissait pas avoir dépassé encore l'été de la vie.

Quand j'eus articulé ma demande, en m'excusant du trouble évident que j'apportais au milieu de cette ruche si facile à émouvoir, le professeur me conduisit dans sa chambre pour y prendre une allumette. Je fus frappé de l'aspect particulier que présentait cette pièce. Assurément, elle ne contenait aucun objet de luxe et le simple nécessaire s'y trouvait. Mais soit le choix de la tenture, soit l'arrangement des choses, soit enfin je ne sais quel signe difficile à définir, elle trahissait toute autre chose que la demeure d'un homme du commun. Mon hôte improvisé, sans mettre aucun empressement à prolonger l'entretien, acheva par le caractère sobre et digne de son exquise politesse de me confirmer dans les doutes qu'avait fait naître en moi la vue de son intérieur, et j'appris plus tard que c'était un gentilhomme anglais qui, à la suite de malheurs d'une nature très-poignante, avait quitté le service, était venu s'établir dans le désert, et sous l'impression d'idées religieuses, s'y était dévoué à l'éducation des enfants.

Pour certaines âmes, on conçoit en effet que des pays semblables, et entre autres les environs de Sydney, puissent fournir le cadre d'une Thébaïde. Là, il n'y a pas d'agitation, là, il n'y a point d'avenir et, à part les quelques mois d'été où la nature s'y montre douce et riante, c'est une claustration dans la neige où rien, pas même le plaisir des yeux, ne vient distraire ni fatiguer une imagination désabusée, ennuyée ou souffrante. Mais ce n'étaient pas précisément des dispositions de ce genre que les dames ou les demoiselles de Sydney souhaitaient de voir se développer chez nos officiers, et probablement pour prouver qu'ils n'y étaient point enclins, ces derniers vinrent un matin demander au commandant en chef, l'autorisation de donner un bal à bord du *Gassendi*, et, tout de suite, l'autorisation fut accordée et le bal eut lieu le soir même.

A bord, on a tout sous la main. Les matelots sont charpentiers, ils sont tapissiers, ils sont lampistes, ils sont fleuristes, ils sont décorateurs, peintres et passés maîtres dans tous les arts libéraux ; on leur offrirait de construire une cathédrale, une salle de spectacle, un hypogée ou un manége qu'ils n'hésiteraient pas à accepter l'emploi. La salle de bal fut bientôt prête. Le pont, débarrassé de ses canons, se transforma en une vaste tente, dont les pavillons de signaux formaient les parois et le plafond. Des lustres composés avec des baïonnettes dont les douilles jouaient le rôle de bobèches, furent suspendus à des cordages entourés de torsades rouges ; l'habitacle et le cabestan devinrent d'énormes jardinières où des branches de sapin remplaçaient les plantes tropicales et les fleurs rares que le climat ne voulut pas fournir, et dans les coins de la salle d'autres sapins donnaient encore aux yeux tous les plaisirs de la verdure. Il va sans dire que les pavillons d'Angleterre et de France s'embrassaient au plus bel endroit, au-dessus de la tribune des musiciens. Mais, la fête n'avait ni de près ni de loin un caractère politique. Ceux qui la donnaient, comme leurs conviés, n'étaient possédés, pour le moment, d'autre passion que de celle de la danse, et il fallait bien compter sur un développement énergique de ce goût, car je dois avouer un côté très-faible : c'était la musique.

A parler franc, nous ne jouissions en fait d'adepte de cet art et d'instrument pour l'exercer que d'un matelot auquel on avait confié un clairon et qui recevait dix centimes de solde supplémentaire par jour pour souffler dans cette machine. Il y mettait du bon vouloir, mais, soit, comme il le prétendait, que le clairon fût troué à de mauvais endroits, soit, comme le soutenaient ses détracteurs, qu'il eût plus d'audace que de science, ce clairon rendait tous les jours des sons de plus en plus désespérés. Il n'était oreille si martiale qui s'y pût faire, et, d'un avis unanime, il fut décidé que ce genre de séduction serait rayé du programme de la soirée. Mais, alors, comment s'y prendrait-on pour danser?

Un contre-maître ouvrit un avis important. Il révéla l'existence d'un tambour oublié dans un coin de l'entre-pont, et sur cette déclaration, un matelot apporta un fifre. Cette double découverte fut accueillie avec transport; malheureusement personne ne savait jouer du fifre. Et, d'ailleurs, malgré l'agrément incontestable des sons qu'on peut obtenir de ces deux instruments, un tambour et un fifre ne sauraient à eux seuls composer un orchestre de danse civilisée. Du moins on n'a jamais vu que les nègres qui sussent s'en contenter.

Dans cet embarras, le second chirurgien du bord, très-aimable jeune homme, offrit de jouer du violon. On considéra bien qu'un violon seul ne produirait peut-être pas tout l'effet désirable dans l'étendue d'une salle de bal qui se montrait prête à contenir six cents personnes. Mais il fallait bien s'accommoder à la nécessité, et, après mûre délibération, il fut convenu que le violon formerait le fond de l'orchestre, serait soutenu par le tambour, et qu'à l'occasion des artistes de bonne volonté essayeraient de tirer du fifre quelques accents qui seraient ce qu'ils pourraient et serviraient, en tout cas, à donner à la partie musicale de la fête un peu plus de variété.

Mais, si les choses n'étaient pas absolument aussi complètes qu'on l'eût désiré au point de vue mélodique, la fête s'annonçait comme devant être sans reproche, sous le rapport infiniment plus sérieux de la gastronomie. Les quatre cuisiniers du *Gassendi* et du *Ténare*, ceux des commandants, ceux des officiers, avaient ouvert des conférences, et cette mise en commun de tant de lumières promettait des résultats surprenants. Des matelots envoyés par ces illustres chefs parcoururent les boutiques de la ville. La population émerveillée vit toute la matinée les embarcations des navires occupées à transporter à bord ce qu'on put se procurer de plus exquis dans les magasins de farines et de viandes fumées, et l'imagination des habitants, extrêmement portée, comme dans tous les pays anglais, à s'exalter à propos des choses de la table, se livra aux rêveries les plus désordonnées sur les délices qui allaient, ce soir-là, flatter le palais des notables de la localité.

Enfin la nuit tomba, et l'éclairage de la salle et du navire était à peine terminé, à peine les lanternes de couleur, les lustres, les bougies, les falots avaient-ils pris feu et les officiers s'étaient-ils revêtus de leurs uniformes des grands jours, que les embarcations des deux navires et celles de la ville commencèrent à amener les invités.

Je me pique d'être historien trop véridique pour exagérer les choses. La foule était petite. La société de Sydney est plus finement choisie que nombreuse. Il pouvait bien y avoir en tout une quinzaine de danseuses et cinq à six danseurs indigènes. Parmi nos officiers, le plus grand nombre étaient des hommes sages qui avaient pris un plaisir plus vif aux préparatifs qu'ils ne s'en promettaient de la fête elle-même. Toutefois, l'enthousiasme dansant, l'entrain merveilleux des intéressés, suppléait au nombre, et l'homme de garde n'avait pas encore piqué huit heures à la cloche que le bal était en l'air, le violon faisait rage, le tambour roulait comme un possédé, le fifre sifflait comme un serpent à sonnettes, et sur des airs que leurs auteurs n'eussent jamais reconnus, on dansait, sans s'arrêter, des contredanses, des valses, des polkas, des mazourkas, dont l'une n'attendait pas l'autre. Les matelots qui avaient obtenu l'autorisation de regarder la fête, à travers les tentures, complaisamment relevées à leur intention, montraient sur leurs grosses et bonnes figures l'expression de la satisfaction la plus complète. Ils n'imaginaient rien au delà.

Cependant, on vit sortir bientôt de l'entre-pont les mousses en grande tenue, transformés en officiers de bouche et portant avec respect des plateaux richement chargés de rafraîchissements. Les gens graves de la colonie commencèrent à trouver que la réunion avait un but. Les jeunes demoiselles, douées, heureusement, de cet appétit surprenant, signe caractéristique de la race anglo-saxonne, ne se montraient pas moins disposées à bien accueillir ces offrandes, et, dans les intervalles très-courts de repos qu'elles permettaient à l'orchestre de leur accorder, elles reprenaient beaucoup de forces. Je ne conçois pas comment nos cuisiniers avaient pu s'y prendre pour fabriquer en si peu de temps une telle quantité et une si grande variété de petits fours et de gâteaux qu'on eût pu en monter trois boutiques. Ce qui n'était pas moins curieux, c'était l'air timide, composé et aimable avec lequel nos mousses, ces jeunes sacripants, remplissaient leur office auprès des dames. Un d'entre eux, le plus diable de tous, baissait les yeux comme une première communiante et faisait ses offres en anglais aux plus jolies personnes. Il avait appris, dans la journée, une phrase exprès, et c'est la seule qu'il connaisse et probablement connaîtra jamais, à moins qu'il ne juge plus tard nécessaire d'étendre le cercle de son érudition en ce genre, ce que je ne puis prévoir.

Vers minuit, on avait mis tant de passion et d'entraînement dans la danse, qu'il fallut faire trêve quelques minutes afin de respirer. Les matelots saisirent ce moment pour demander la permission de chanter un chœur. C'était une galanterie dont ils n'avaient rien dit à l'avance. Ils s'en acquittèrent très-bien. Mais, comme c'est l'usage dans toutes les professions, ils se gardèrent de rien nous dire qui eût trait à la mer, et nous entretinrent du charme des chalets et des glaciers. On a l'imagination très-helvétique sur l'océan, et il est bien probable que dans les vallées d'Ury et d'Unterwald on goûte assez la poésie des flots agités.

Enfin on alla souper, puis après souper on alla se coucher, tout le monde ravi d'avoir si bien employé son temps. Quelques mousses furent malades pour s'être un peu trop offert à eux-mêmes les rafraîchissements confiés à leur bonne foi. Mais le lendemain il n'y paraissait rien, et *le Gassendi* avait seulement laissé un bon souvenir de plus dans les replis cachés de quelque jeune imagination. La salle de bal disparut. Les canons reprirent leur place accoutumée et tout rentra dans l'ordre quotidien.

D'après le petit nombre des personnes qui avaient pu venir au bal, on voit assez que la population est très-faible. Je n'en connais pas le chiffre officiel. Il ne me semble pas qu'elle puisse dépasser ni même atteindre un millier d'âmes. Aux environs, les loghouses ou cahutes à défrichement sont assez rares; les habitations régulières, toujours construites en planches, le sont encore plus. Ce qu'on appelle un village est un ensemble de maisons non agglomérées et qui s'étend souvent à travers les bois sur un espace de plus d'une lieue. Ce que j'ai vu de plus remarquable dans ce genre, c'est ce qu'on nomme le village français. Il est peuplé de descendants de nos compatriotes, anciens possesseurs de toute la contrée; car, on le sait, l'île entière nous a longtemps appartenu; le cap Breton faisait alors partie de l'Acadie, et les Acadiens étaient presque tous des fermiers et des laboureurs venus de Normandie. Il est assurément digne de remarque que cette province, qui, aujourd'hui, ne montre, dans aucun de ses hameaux, le moindre goût pour l'émigration d'outre-mer, ait eu au seizième siècle et surtout au dix-septième tant d'entraînement pour ces parages. Il y avait, sans doute, alors, dans les esprits de ces paysans, des illusions qui ont été, pour la plupart, cruellement déçues. Entre autres choses, on s'imaginait trouver dans ces pays nouveaux un sol partout fertile; une partie de l'Acadie répond peut-être à cette espérance, mais, en général, et notamment dans les environs de Sydney, il s'en faut de beaucoup qu'il en soit ainsi. Il n'est, pour perdre une semblable idée, que de considérer la façon dont on y cultive le sol.

On commence par abattre le bois, puis dans l'espace circonscrit destiné au défrichement on met le feu pour venir à bout des tronçons restés debout. Les cendres produisent un premier fumage qui, pour l'année suivante, prépare le sol où l'on sème des pommes de terre. Une seconde année, on met du seigle ou de l'orge, car le blé réussit assez mal dans ce climat trop rude. Il n'a pas le temps de mûrir. La troisième année, on peut encore essayer d'ensemencer. Mais, en général, le produit est si médiocre que, pour une quatrième campagne, on abandonne le terrain et on s'en va défricher ailleurs. Cependant le bois repousse. Au bout de quelque temps, des arbres nouveaux, un taillis épais l'ont recouvert et l'on recommence la coupe, l'incendie et les cultures alternées pour arriver aussi rapidement à la même fin. On voit assez que ce n'est pas là une terre féconde.

Les habitants sont, en conséquence, très-clair-semés, et se ressentent de ce défaut de générosité dans le sol qu'ils exploitent. Il ne laisse pas que d'y avoir assez de misère sur ce coin perdu du monde. Les choses nécessaires à la vie étant presque toutes apportées du dehors sont chères; pour pouvoir se les procurer, il faut donc que le peu de choses qu'il y a à vendre se maintienne aussi à un prix correspondant. Toutes ces circonstances expliquent que la population loin de s'accroître diminue, et il n'est pas sans vraisemblance que, dans quelques années, ceux qui n'auront pas été chercher meilleure fortune dans d'autres parties de l'île, à la Nouvelle-Écosse, au Canada ou aux États-Unis, prendront le parti de se retirer à Sydney-Mines. Alors la forêt ressaisira l'emplacement tout entier qu'on a à peine réussi à lui enlever.

Très-peu d'Anglais proprement dits résident à Sydney. Presque toutes les familles sont d'origine écossaise et irlandaise. Les premières appartiennent à toutes les nuances possibles du protestantisme, avec une certaine prédominance de la part des presbytériens; les autres sont catholiques, et partout le zèle religieux est également vif. Il faut s'imaginer ces gens, reclus loin du monde, appartenant par leurs mœurs, leurs souvenirs, leurs lectures surtout, à la société européenne, et n'ayant à leur portée aucun des moyens de distraction intellectuelle qui lui sont propres. Petits ou grands tous leur font défaut. Point de spectacles, point de salons, point de cafés, point de politique vraiment entraînante et passionnante; une grande stagnation, sinon une nullité presque complète d'affaires commerciales, partout des loisirs infinis et une sorte de gêne, de médiocrité générale qui prédispose les esprits aux idées sombres. Il doit nécessairement résulter de toutes ces causes une assez grande tendance vers l'exaltation religieuse, aussi est-ce une disposition universelle sur cette terre et qui règne également chez les Écossais, chez les Irlandais, chez les Acadiens et chez les sauvages qui, de tous les catholiques, sont peut-être les plus inébranlablement convaincus.

Une telle ferveur ne saurait exister sans un grand amour du prosélytisme et une antipathie sincère et active pour les opinions dissidentes. C'est, en effet, ce qui arrive, et cette double passion fournit l'élément de vie et les occasions d'activité qui sont refusés par ailleurs. Sydney possède trois ou quatre églises pour si peu de maisons qu'on lui voit, et cette cité à demi morte avant d'être née compte encore bien plus de sectes. Son libraire unique ne vend, pour ainsi dire, que des pamphlets religieux.

« *Histoire de la conversion au catholicisme du Rév.* ***, *ministre méthodiste..* » « *Réfutation du libelle intitulé : Conversion au catholicisme par un Wesleyen.* » « *Observations libres sur la querelle issue à l'occasion de l'indigne pamphlet intitulé: Conversion au catholicisme, etc., par un indépendant.* » On ne voit pas autre chose. Quand on est accoutumé à la modération relative que la polémique purement religieuse a adoptée de ce côté de l'Atlantique, où tant d'intérêts divers attiédissent la passion, on est un peu surpris de retrouver une telle véhémence dans cette partie du nouveau monde. C'est qu'en fait d'emportement de langage, rien ne manque, et le vocabulaire des injures empruntées à la Bible n'a pas perdu une seule des expressions trouvées au temps de Cromwell, dans la bouche ou sous la plume des zélés dissidents du cap Breton et de la Nouvelle-Écosse. L'Église catholique est de plus en plus pour eux la bête de l'Apocalypse; leurs adversaires catholiques sont des Amalécites; les autres des Ammonites, des fils de Bélial, des Tyriens, Gog et Magog. Il faut quelque temps pour s'habituer à penser que ces gens-là sont très-sérieux. Au premier abord, on croirait qu'ils mettent en scène un roman de Walter Scott. Mais les Macbriar et les Kettledrummle y vont bon jeu bon argent, n'ont peut-être jamais lu *les Puritains d'Écosse* et font servir dans ce dix-neuvième siècle, le langage et les sentiments du passé, avec une parfaite sincérité de conviction. Dans la tenue de ces zélés continuateurs des covenantaires apparaît toute la vertu morose et pédantesque de leurs modèles. De longs habits noirs ou bruns, mal taillés, de vastes chapeaux où ils s'enterrent, des mines pâles, renfrognées, un langage de la plus sèche austérité, ils ont tout cela et l'affectent tant qu'ils peuvent. C'est un uniforme qui convient d'ailleurs à d'heureux mortels dont le *Credo* favori est de damner tout le monde, et de peur d'y rien oublier, de se damner un peu avec.

Les catholiques répondent à cette guerre permanente en redoublant d'attachement pour les formes extérieures de leur culte. Sous ce rapport, les Irlandais vont aussi loin que les Italiens et les Espagnols l'ont pu faire autrefois. Ils entourent leurs prêtres d'une vénération et d'un amour qui dépassent tout ce qu'on voit ailleurs. Ils font d'eux, en toutes choses, leurs confidents, leurs conseillers, et lorsqu'il y a lieu, leurs chefs politiques. Mais aussi, ils en exigent beaucoup et la situation de ces prêtres si réellement puissants n'est pas une sinécure. La façon dont les habitations sont disséminées dans le pays, donne à certaines cures l'étendue qu'un évêché pourrait comporter ailleurs, et comme les fidèles éprouvent, dans toutes les circonstances un peu graves de leur vie, maladies, accidents, chagrins, soucis, inquiétudes, le besoin de se fortifier des consolations, des avis, ou des secours de leur pasteur, ils sont toujours au moment de l'envoyer chercher. L'amour ne raisonne pas, et n'admet rien de ce qui le contrarie. Aussi ne comprendrait-on pas qu'un prêtre sommé au milieu de la nuit de se rendre à dix lieues de chez lui, à travers les bois et les fondrières, pût hésiter une minute. Les ecclésiastiques mènent donc l'existence la plus pénible et en réalité la plus évangélique. Tantôt dans la ferme perdue d'un Acadien, tantôt sous le wigwam d'un sauvage, au fond des marais, tantôt entourés de leurs ouailles, dans l'église, dans le presbytère, dans l'école, ils n'ont pas un moment de repos ; ils sont partout à la fois : on ne les perd pas de vue, on les écoute constamment, mais il faut qu'ils parlent toujours. J'ai pu voir quelle était la vie du clergé de la Nouvelle-Écosse par les relations que j'ai eu l'honneur d'entretenir avec le vénérable curé de Sydney, M. l'abbé Quinan. Je ne sache rien qui rende mieux l'idée qu'on se peut faire des labeurs d'un apôtre.

Mais, aussi, je le répète, quelle affection profonde, que celle dont de pareils prêtres sont entourés ! Nous avions été visiter le village français avec l'abbé Quinan ; nous remplissions plusieurs voitures et j'étais avec lui dans la sienne, une espèce de petit char à bancs à deux places ; nous avions vu peu de choses, car la pluie s'était mise à tomber à flots et après quelques efforts infructueux pour la braver, il nous avait fallu chercher un asile dans l'église du village située au milieu des bois, encore avions-nous eu le temps d'être convenablement mouillés en attendant que la clef nous eût été apportée de chez le bedeau, le plus proche voisin, qui demeure à un quart de lieue.

Nous avions déjeuné dans la sacristie où l'eau ne ruisselait guère moins que dehors, et nous avions admiré le sanctuaire bâti en bois, comme une église de Laponie, avec un vaste poêle au milieu. Le matin en parcourant le pays, nous avions pu donner de justes éloges à l'industrie et à l'activité des habitants, car il faisait beau et les routes nous semblaient d'autant plus dignes d'éloges qu'elles s'étendent dans toutes les directions à travers les bois et ne mènent à rien. On les construit là, non pas comme en Europe, pour réunir des points habités, qui existent déjà, mais bien pour attirer des habitants, pour les entraîner au loin et dans l'espoir de peupler ainsi le pays. Le matin, charmé de nos éloges, M. B*** dans son patriotisme, nous avait souvent répété : C'est bien remarquable, n'est-ce pas? qu'avec si peu de moyens que nous possédons, de telles choses se puissent faire ; on le croirait à peine?

Nous en étions tombés d'accord ; mais maintenant il pleuvait. Les routes étaient défoncées ; nous n'avions plus le même enthousiasme. Nos voitures s'embourbaient à chaque instant, nos chevaux n'avançaient guère malgré tous leurs efforts, et nous ne savions pas si l'aventure n'irait pas jusqu'à coucher dans ces bois humides. M. B*** devenu moins fier, déplorait l'état de cette partie du chemin, comme un fait inouï dans les fastes de la colonie. En sa qualité de membre de la législature, il se montrait doublement scandalisé et déclarait le fait intolérable. Il voulait envoyer chercher les ingénieurs sur l'heure même et nous jurait que, dès le lendemain et de grand matin, les ouvriers seraient à l'œuvre pour qu'un tel état de choses ne subsistât pas davantage. En attendant, à moitié noyés dans nos voitures, nous prenions déjà notre parti d'une chute dans quelque ornière et d'un essieu cassé.

Mais l'abbé Quinan, habitué à de telles fortunes qui composent, pour ainsi dire, le fond de son existence, conservait son air placide et confiant. Il plaignait son cheval qui, parfaitement au courant de la patience de son maître, ne se pressait ni ne se fatiguait outre mesure, et ne prenait pas grand souci de l'exclamation *lazy boy!* par laquelle l'indulgent abbé cherchait par instants à lui faire honte de sa nonchalance. Quant au fouet, il n'était pas question de l'employer.

Dans cet état nous rencontrâmes des fermiers acadiens qui regagnaient leur demeure. A la vue de leur curé ils éprouvèrent une joie qu'ils manifestèrent aussitôt par les plus vives démonstrations, et malgré le temps, ils se mirent immédiatement à lui raconter leurs affaires et à prendre ses conseils. L'abbé écouta tout ce qu'on lui disait et prit le temps de répondre. Nos compagnons avaient cependant gagné du pays, et nous eûmes quelque peine à les rejoindre. Mais je comprenais que le prêtre se devait à son monde, et qu'en présence d'un attachement, d'une confiance, d'un besoin d'épanchement qui jamais ne se ralentit ni ne s'endort, il n'y a pas de considération qui puisse légitimer la froideur.

Chez les sauvages, ce sentiment d'affection prend une nuance peut-être plus touchante encore. Les sauvages ont réellement et beaucoup souffert pour la foi catholique. Dans les premiers temps de l'occupation anglaise, alors qu'il ne se trouvait pas de colons irlandais dans le pays, tout ce qui reconnaissait l'autorité spirituelle du saint-siége était français ou ami des Français, par conséquent suspect d'une loyauté fort tiède à Sa Majesté Britannique. Les gouverneurs de l'Acadie, devenue Nouvelle-Écosse, jugèrent utile d'amener les sauvages à la foi protestante, et comme on se flatta d'y parvenir aisément, on mit beaucoup de vivacité à y travailler. On chassa les prêtres ; on empêcha les familles d'aller à l'église ; on prit note des plus zélés et on les mit en prison ; on les désarma ; on leur enleva le peu qu'ils possédaient ; on les fit mourir de faim dans les solitudes. On promit des merveilles à tous ceux qui voudraient abjurer, et personne n'abjura. Hommes, femmes et enfants, montrèrent une fermeté égale. Tout ce qui put s'échapper prit la fuite, mais personne n'oublia son chapelet. Le chapelet devint comme le symbole de l'honnêteté, du courage et de l'honneur dans cette humble population, et elle a toujours conservé depuis une sorte de culte infiniment plus prononcé qu'il ne l'est dans le reste de la chrétienté pour cet instrument de prière. Le chapelet est en quelque façon le résumé de leur histoire. Il leur a été donné par les Français au dix-septième siècle. Aussi longtemps que les luttes ont duré avec l'Angleterre protestante, le chapelet a été le signe de ralliement entre eux et leurs amis. Au jour de la défaite et de la persécution, il est devenu le souvenir chéri de la gloire passée, le gage de la solidité dans la foi, et comme une promesse pour la vie future. Tous les sauvages que j'ai abordés, hommes ou femmes, en me reconnaissant pour Français, n'ont jamais manqué de tirer leur chapelet et de le porter devant mes yeux avec un sourire doux et triste qui en disait bien long.

Aujourd'hui que, depuis longtemps d'ailleurs, on ne les persécute plus, qu'ils vont à l'église et que les prêtres sont revenus prendre soin d'eux, ils recherchent leurs pasteurs comme des enfants qui ont besoin d'une caresse. Ils prouvent tous les jours l'ascendant que les conseils des curés ont sur leurs esprits, car ils ont presque universellement renoncé au plus impérieux de leurs penchants : l'amour des liqueurs fortes. On a distribué en grand nombre, parmi eux, de petits livres où des lithographies, qui accusent l'enfance de l'art, leur montrent un de leurs frères tenté par le grand diable, avec ses cornes et sa queue, vêtu en marchand américain, et qui lui tend une bouteille d'eau-de-vie. Il boit et tombe dans les flammes de l'enfer, tandis que sa femme et ses enfants se désolent.

Une telle leçon n'est pas restée sans résultat, et, très-certainement, il y a peu d'ivrognes désormais parmi les sauvages de la Nouvelle-Écosse. Ils font donc preuve de bonne volonté. Cependant, sur tous les autres points qui tiennent plus directement aux instincts de leur race, la vie nomade, l'amour de l'indépendance, le peu de goût au travail régulier, ils promettent et ne peuvent se contraindre. On a essayé de persuader à quelques femmes et filles de se louer comme servantes. Elles sont très-soumises, très-craintives même, se montrent affectueuses et reconnaissantes du soin qu'on prend d'elles ; mais elles ne savent s'astreindre à aucune règle, et il n'est pas de séduction si forte qui empêche au bout de très-peu de temps qu'elles ne se sauvent un beau matin pour retourner dans les bois. Toutes les admonestations des prêtres n'y font rien.

Elles se mettent à pleurer et ne s'enfuient pas moins.

Les sauvages ne possèdent dans la Nouvelle-Écosse aucun droit politique, et il n'y a là ni injustice ni spoliation. En dehors de toutes les idées et de toutes les habitudes européennes, ils ne peuvent évidemment faire partie d'aucune société fondée sur des principes qu'ils n'acceptent pas. Mais la loi les protége avec beaucoup de sollicitude, les mœurs sont assez douces pour qu'on n'ait pas à gémir de les voir maltraités. Personne ne les offense et ne cherche à leur nuire. De leur côté ils sont d'une extrême douceur. Ils n'ont pas conservé la moindre trace de l'esprit belliqueux de leurs ancêtres, et je crois qu'on aurait quelque peine à les décider aujourd'hui à s'armer et à se battre.

Je n'en suis pas surpris. J'ai dit déjà que ces tribus n'appartiennent pas à la race rouge. Ce sont des Esquimaux, variété humaine très-molle et très-inoffensive de nature. Sous le pôle, ils sont aujourd'hui en lutte avec des Peaux-Rouges qui les massacrent sans pitié et les feront enfin disparaître, car ils se défendent mal. A la Nouvelle-Écosse, lorsque les Français ont formé leurs premiers établissements, le contact avec les mêmes Peaux-Rouges leur avait fait prendre des habitudes guerrières, ils avaient adopté les usages militaires de leurs ennemis, et scalpaient et torturaient les prisonniers comme les Hurons eux-mêmes. Mais il ne fut pas très-difficile de les faire renoncer à ces coutumes qui ne venaient que de leur situation, et une fois à l'abri des attaques, ils déposèrent très-volontiers les armes dont ils ont maintenant oublié le maniement.

Leurs vices sont ceux des êtres faibles et des enfants : la paresse et le mensonge. Mais ils ont de la probité, et leurs mœurs sont remarquablement pures, car c'est une race froide. Le gouvernement leur a assigné un territoire d'une très-vaste étendue dans l'intérieur de l'île pour y faire ce qu'ils voudraient, et il est interdit aux Européens de s'y établir. Pourtant les sauvages n'y vont guère. Ils semblent avoir pris ce domaine en antipathie depuis qu'on le leur a donné. Les limites les gênent. Ils préfèrent errer dans toutes les autres parties de l'île, transportant avec eux leurs wigwams et leurs canots. On les laisse faire.

Ils s'établissent pour quelques jours dans un bois, sur une plage, font des paniers, rabotent des planches, exécutent quelques petits ouvrages assez ingénieusement travaillés en écorces de bouleau et en piquants de hérissons teints de différentes couleurs, vendent ce qu'ils ont fait, et s'en vont ailleurs. Dans l'hiver, ils se retirent au plus épais des bois où ils sont plus à couvert du vent, enterrent à demi leurs huttes dans les feuilles mortes amoncelées et la neige, et restent là jusqu'au printemps.

Cependant leur nombre diminue chaque année. Les maladies de poitrine emportent les hommes, et les femmes succombent en grand nombre aux fièvres puerpérales. La raison que me donnait l'abbé Quinan de cette mortalité extraordinaire n'est que trop facile à comprendre. La vie que continuent à mener ces sauvages est bien celle de leurs ancêtres, mais elle n'est plus compatible avec certaines habitudes qu'ils ont dû prendre. Autrefois, dès l'enfance, ils bravaient, à peu près nus, toutes les rigueurs de la température. Toujours en plein air, soit guerroyant sur de vastes territoires, soit poursuivant pendant des mois entiers de grandes chasses, ils développaient toutes leurs forces physiques et les maintenaient dans un état d'activité en rapport avec la rude simplicité de leur vie domestique. Ces hommes, ces femmes, ces enfants, accoutumés à nager dans l'eau glacée, à porter sur leurs corps nus les pluies d'hiver, à dormir sur la roche froide, ne prenaient point de rhumes, et, en comparaison de ce qu'ils avaient à supporter tout le jour, l'intérieur du wigwam était un lieu de délices.

Mais désormais ils sont vêtus, et ils le sont d'une manière imparfaite. Ils ne peuvent plus se passer de leurs haillons, et ils grelottent. Plus de guerres, plus de chasses, plus d'exercices violents, ils passent leur vie auprès du feu de la hutte, et sentent l'influence de cet abri incomplet et malsain. L'air vicié des bois, l'humidité des marécages les éprouvent; ils souffrent comme nous souffririons nous-mêmes à leur place et pour les mêmes causes, et ils meurent, et leur race s'éteint. Encore quelques années, la terre couvrira leurs derniers tombeaux.

Ils le savent et ils sont résignés comme, en pareil cas, toutes les races primitives et incapables de changement. Mais ils ne s'en attachent que plus à leurs prêtres, dans lesquels ils voient les introducteurs à cette vie future qui va bientôt les saisir. Ils ne leur demandent rien que de douces paroles et des espérances.

La situation des anciens colons acadiens est d'une nature toute différente et qui fait bien clairement comprendre les dispositions particulières aux nations européennes. Ces colons ne sont pas en voie de disparaître tout d'un bloc, comme leurs anciens alliés, mais de disparaître en se transformant. C'est ce que j'ai vu partout et ce dont l'histoire porte constamment témoignage. Nos races, complétement privées, métisses qu'elles sont, d'instinct dominant et invincible, se métamorphosent sans trop de peine, savent prendre de nouvelles idées et de nouvelles habitudes, brûler ce qu'elles ont adoré, adorer ce qu'elles ont brûlé, et finalement continuer de vivre sous de nouvelles apparences et avec des vocations nouvelles. Nos Acadiens sont en voie de devenir des Anglais.

Dans l'usage ordinaire de la vie, ils parlent anglais, parce que leurs voisins, originaires des îles Britanniques, leur rendent l'usage de cette langue nécessaire. Presque tous ils ont à demi oublié ou plutôt n'ont jamais bien su l'idiome de leurs pères, et quand ils veulent s'en servir, ils le manient comme une langue étrangère et fort mal. Par une coutume assez curieuse, il est un certain nombre de familles parmi eux qui, tenant à conserver un gage de leur origine, empêchent leurs filles d'apprendre l'anglais. De cette façon, les enfants entendent d'abord la langue maternelle ; mais bientôt ils l'oublient ou n'en apprennent pas plus long que dans la première enfance. D'ailleurs beaucoup de ces Acadiens épousent des Anglaises, et alors tout s'oblitère en eux, jusqu'à leur nom propre, qu'ils prononcent de façon à le rendre méconnaissable.

On se tromperait gravement si l'on donnait au souvenir qu'ils ont conservé de leur origine une portée quelconque. C'est, à leurs yeux comme à ceux de leurs voisins, un pur sujet de conversation. Ils n'en portent pas pour cela plus d'intérêt à la France. En tant qu'ils raisonnent sur de semblables matières, l'Amérique est, à leur avis, le premier pays du monde. Il faut bien venir de quelque part, et ils n'éprouvent non plus de curiosité pour les campagnes de la Normandie, qu'un paysan norvégien pour les steppes de la Russie méridionale, d'où sont sortis jadis Odin et ses compagnons. Avec cette différence toutefois, que cette dernière émigration a eu lieu des milliers d'années en çà, tandis que l'autre est à peine vieille d'un siècle et demi. Tout entiers à leurs intérêts et à leurs passions locales, nos anciens compatriotes nous voient à peu près du même œil que leurs concitoyens d'origine britannique, sans plus d'aversion, mais sans plus de sympathie.

Ils sont catholiques, il est vrai, et comme tels, n'éprouvent pas pour la domination anglaise une affection très-vive; mais, en cela, ils s'associent aux Irlandais, et se confondent avec eux. Avec moins d'emportement, moins de passion, moins de haine, un peu plus de cette réflexion solide que leurs aïeux ont apportée de Normandie, d'ailleurs aussi zélés pour la foi, ils ne se séparent guère de ces bouillants coreligionnaires que lorsque des idées par trop empreintes du caractère de la race milésienne emportent ces derniers au delà de toutes bornes. Les traditions de la grande guerre qui les a séparés de la France et donnés à la couronne britannique ne leur apparaissent plus comme un outrage national; ils y voient uniquement la persécution religieuse qui en en a été l'accompagnement.

Il s'est passé alors, en effet, des scènes qu'une politique plus sage aurait pu éviter. En même temps qu'on s'attachait à convertir les sauvages en employant toutes sortes de moyens, on prétendait chasser complétement les habitants français des territoires nouvellement conquis. On ruinait de fond en comble Louisbourg, qui nous avait coûté tant de millions. On transportait la capitale de l'île à Halifax, position admirable et bien autrement avantageuse, à la vérité, et, ce qui était moins digne d'éloges, on déportait en masse la population dans la Pensylvanie, la Géorgie, la Virginie.

L'exécution de cette pensée fut encore plus dure que la pensée elle-même. Au village de Grandpré, qui comptait environ deux mille habitants, dont un millier d'enfants, les soldats parurent le 10 septembre 1755, et leur chef invita les habitants à se réunir dans l'église, afin d'y recevoir, disait-il, une communication importante pour leurs intérêts. Quand les colons se trouvèrent assemblés dans le lieu saint, ne se doutant nullement de ce qui allait se passer, on les cerna et on leur donna l'ordre de s'embarquer sur les navires qui les attendaient à l'embouchure du Gaspereau.

Ils refusèrent avec désespoir, et pendant plusieurs jours on les tint renfermés dans l'église, sans nourriture. Enfin ils se soumirent ; on embarqua d'abord les jeunes gens, on envoya les vieillards d'un autre côté, les femmes et les enfants furent également déportés loin de leurs familles ; quant aux troupeaux et aux biens, tout fut saisi. La plupart de ces malheureux moururent de misère sans avoir pu se rejoindre. L'établissement de Grandpré fut à jamais détruit.

Ce triste événement a perdu, dans la tradition de la Nouvelle-Écosse, toute couleur nationale; c'est devenu un récit religieux. Ce n'est pas sur les Anglais en tant qu'Anglais qu'il attire la colère, c'est sur les Anglais en tant qu'hérétiques et persécuteurs de la foi. Il appartient aussi bien aux Irlandais qu'aux Acadiens. Un tiers de la population de la colonie le conserve, le répète, le commente avec ferveur; tous les détails qu'on y ajoute désormais ne sont pas strictement historiques car il a déjà pris la forme légendaire. Ainsi, l'on dit entre autres choses, que lorsque les soldats anglais, après avoir embarqué toute la population, voulurent entrer dans les maisons pour les piller, ils trouvèrent sur les portes les chiens, qui, le poil hérissé et fous de colère, leur disputèrent l'entrée, et ils ne purent pénétrer dans ces demeures abandonnées qu'après en avoir massacré les fidèles et derniers défenseurs.

Ces récits, chers aux catholiques sans distinction d'origine, ont été répandus par eux dans toute l'Amérique du Nord; les souffrances des martyrs de Grandpré sont devenues la gloire commune de tous les fidèles, et c'est de leur bouche que Longfellow a recueilli les détails qui lui ont servi à créer ce poëme d'*Évangéline*, supérieur pour l'émotion du sujet, et à peine inférieur pour l'art, à *Hermann et Dorothée* de Goethe.

CHAPITRE V.

Halifax.

Les côtes du vieux monde, dans les différents continents, offrent très-peu de ports. Soit qu'elles aient cédé à la mer les environs des golfes et des havres où l'onde avait réussi à s'introduire, soit, ce qui est plus généralement exact, qu'elles aient réussi, à l'aide des fleuves et des vents, à combler ces havres et ces golfes et à ressaisir tout ce qu'elles ont pu prendre à l'élément humide, il est certain qu'elles présentent le plus ordinairement de longues lignes interrompues sur lesquelles vient se briser la vague. Une grève plate, une ceinture de falaises, marquent à cette dernière sa limite et son *nec plus ultra*. Il en résulte que plus d'une grande ville maritime, point d'attache d'un vaste commerce, que plus d'un port de guerre fameux, doivent se contenter d'un abri incomplet pour les navires, ou d'une rade foraine dangereuse, à moins que l'art, à force de temps, d'industrie et d'argent, n'ait réussi à créer quelque bassin artificiel, merveilleux lorsqu'on le juge au point de vue des efforts qu'il a coûtés, et bien petit quand on le compare aux œuvres de la nature.

Mais les nouveaux continents, l'Amérique et l'Océanie, ont de tout autres aspects. Les rivages longs et unis y sont relativement fort rares, et les côtes profondément découpées, au contraire, très-communes. Lorsqu'on ouvre les livres des voyageurs qui parlent de ces contrées, ce qu'on rencontre le plus souvent, ce sont des descriptions, toujours un peu pareilles, de baies, de ports immenses où pourraient s'abriter des flottes entières. La plus petite île, le plus misérable îlot est toujours richement doué sous ce rapport, et des théoriciens, trop crédules à l'idée moderne que les grands peuples et les grandes villes sont déterminés par les avantages du territoire, en ont conclu que la puissance à venir appartenait nécessairement aux domaines où le commerce doit trouver de si puissants moyens d'action et de telles ressources; de sorte que l'Amérique et l'Océanie seraient les futurs centres du monde.

Je ne me sens nullement enclin à adopter cette manière de voir, pour une foule de motifs qu'il serait trop long de déduire ici. Je crois que les idées qui font les grands peuples ont manqué, manquent et manqueront toujours à toutes ces contrées de nouvelle découverte où se porte le flot bourbeux et plus turbulent que vivant et plus enivré que fort, des émigrations européennes ; mais il n'est pas douteux cependant que la nature s'est prêtée de bonne grâce à ce que sur ces rives, encore pour la plupart désertes, l'homme pût élever à son aise, s'il en avait le pouvoir ou l'envie, toutes les rivales possibles à Tyr, à Sidon, à Carthage, à Constantinople, à Marseille, à Cadix ou à Londres même.

A mesure que nous passions le long des côtes du cap Breton, nous admirions sans nous lasser ces puissantes dentelures qui, à chaque instant, hérissent l'aspect des terres de caps et de promontoires. La mer brisait tantôt sur des grèves, tantôt sur des roches dépouillées. Très-peu d'habitations se montraient dans les campagnes, et cependant, sur cette terre si jeune, et qui aurait tant besoin d'habitants, il existe déjà des ruines, des villes dévastées, tout l'appareil des fureurs militaires. C'est ce que nous dit la vue de la place vide où exista jadis Louisbourg. Là on ne voit plus que quelques amas de terre et de ronces, mais pas une habitation de quelque importance n'est restée debout.

Louisbourg a été la dernière possession française territorialement importante dans les parages du Nord-Amérique. Après la perte du Canada, la cour de Versailles rattacha ses idées de colonisation au cap Breton, et dans l'intérêt d'une de ces grandes fondations transatlantiques auxquelles on tenait tant alors, du moins en théorie, on voulut établir là une puissance rivale de Montréal et de Québec, devenues villes anglaises.

On prodigua les efforts et l'argent pour établir une cité qui devait être, dans la pensée de ses créateurs, un port de guerre de premier ordre, une citadelle susceptible de la plus puissante résistance, afin de servir de point d'appui plus tard à notre commerce, à une agriculture importante, à nos flottes, à nos pêcheries.

Mais la destinée de Louisbourg et de toute l'Acadie était dominée par des faits dont on ne paraît pas s'être, dans ce temps, suffisamment rendu compte. La France était sans doute une grande puissance maritime; mais la multiplicité des intérêts qu'elle avait à sauvegarder la forçait de diviser extrêmement ses efforts et ses forces. Nous avions alors à nous préoccuper des Antilles, de la Louisiane, de l'Inde, des îles de France et de Bourbon. Nos possessions extra-européennes, presque aussi importantes que celles de l'Angleterre, ne nous affranchissaient pas des soucis bien autrement pressants et impérieux que réclamaient de nous les affaires continentales, et dans cet éparpillement exagéré de nos ambitions, nous pouvions facilement commencer et très-peu finir.

L'opinion publique était pour beaucoup, en ce

temps, dans la fondation des colonies et dans les dépenses qu'on y prodiguait. C'était la flatter singulièrement que de caresser d'abord, de décider ensuite la fondation d'un nouveau poste, et plus il s'agissait d'aller loin, plus les imaginations surexcitées applaudissaient à une tentative dont le côté aventureux, au lieu de les faire réfléchir, était précisément ce qui les séduisait davantage. Mais aussi, dans un moment d'embarras, quand, attaquée de toutes parts, la France ne savait plus auquel entendre, ni de quel côté courir, cette même opinion publique était extrêmement prompte à s'irriter contre les rêves dont elle-même avait tant voulu faire des réalités; elle les accusait volontiers d'être coupables de bien des maux auxquels, en effet, ils n'étaient peut-être pas tout à fait étrangers, et demandait avec aigreur d'abandonner des entreprises qu'on aurait peut-être mieux fait de ne pas tenter sous sa pression, mais qu'il devenait peu honorable, et quelquefois même coupable de déserter avec la même légèreté qui les avait fait décréter.

Le Canada avait coûté à la France beaucoup de peines et d'argent; plus, assurément, qu'il n'aurait jamais pu lui rapporter. Néanmoins, si une saine politique eût dû à jamais empêcher le gouvernement français de s'occuper d'une contrée où il n'avait, en réalité, rien à faire, il n'en fut pas moins honteux de voir l'emportement que mirent les salons de Paris à décrier les hommes qui défendirent les derniers cette terre confiée à leur garde, la haine grotesque dont Montcalm, un des plus grands hommes que nous ayons eus, fut l'objet, l'abandon misérable où il fut laissé avec la poignée de braves gens qui l'entourait, et plus honteux encore l'enthousiasme joyeux avec lequel M. de Voltaire et son monde accueillirent la nouvelle de la bataille perdue qui nous chassait de cette terre tombée en disgrâce.

Ce qui était arrivé pour le Canada eut lieu de même pour le cap Breton. L'opinion publique avait voulu à toute force créer dans l'Acadie une compensation à la perte de la Nouvelle-France. On ne trouva pas d'abord que l'on pût faire assez pour établir notre puissance sur ce sol où il n'existait rien. On y envoya tout, depuis le blé jusqu'aux hommes ; tout, depuis les navires jusqu'aux fusils. On voulut y mettre tout, depuis la chaumière jusqu'à la citadelle. On y enfouit des millions, et quand la guerre arriva, à peine put-on le défendre. Tout fut perdu, et avec le même entrain qu'on avait mis à créer. Voilà l'histoire de ces décombres aujourd'hui à peine visibles qui furent Louisbourg. La tradition raconte que des magasins immenses avaient été bâtis dans l'espoir d'un commerce futur qui n'exista jamais ; ils s'écroulèrent sans avoir pu se remplir une seule fois.

Louisbourg était d'ailleurs un emplacement bien choisi, au point de vue français. Nos principales autorités coloniales se trouvaient là dans une proximité aussi grande que possible de la France, voisines du Banquereau et du Grand-Banc, où nos navires allaient chercher le poisson, voisines encore de la côte française de Terre-Neuve, et à proximité des pays britanniques, de façon à pouvoir commercer aisément avec eux en temps de paix et à les gêner considérablement en temps de guerre. Mais les Anglais ont sagement pensé en transportant leur capitale ailleurs, lorsqu'ils sont devenus les maîtres de ces régions.

Ils n'avaient pas besoin comme nous des différents avantages que je viens de signaler. En tant qu'il s'agissait de la pêche des bancs, Saint-Jean de Terre-Neuve leur convenait mieux. Ils n'auraient pu mettre une confiance suffisante dans une ville comme Louisbourg, dont la population était toute française. Ils en firent donc sauter les fortifications, détruisirent les magasins, détournèrent le commerce, et commirent au temps le soin de disperser les habitants, laissés sans ressources. En peu d'années cette tâche fut complétement remplie, et Halifax hérita des perspectives de succès qu'avait pu avoir un instant sa rivale.

Le port de cette capitale de la Nouvelle-Écosse est d'ailleurs plus beau, plus vaste, plus facile à défendre que celui de Louisbourg. On y pénètre par deux passes que forme une île de petite étendue par laquelle l'intérieur du bassin est caché. Une fois l'entrée franchie, il se présente une sorte de coupe oblongue qui pénètre profondément dans l'intérieur des terres ; la ville s'élève sur la rive gauche, en amphithéâtre. Puis au fond de la coupe s'ouvre un autre port qui pourrait aisément contenir une escadre, et qui va finir dans des bois marécageux. Il n'y a pas précisément une ressemblance, mais cependant il existe un certain rapport entre cette situation et celle de Constantinople. Je ne crois pas d'ailleurs que la baie d'Halifax le cède en rien pour la grandeur, l'étendue et la sécurité à sa magnifique rivale de l'Orient.

Quant à la ville, il va sans dire qu'il ne saurait être question en aucune manière d'une comparaison aussi pompeuse. La capitale de la Nouvelle-Écosse n'a rien de commun avec la métropole ottomane. Cependant elle s'élève aussi en amphithéâtre au milieu d'un paysage assez ombragé, et comme Contantinople, ses maisons, presque toutes, sont construites en bois ; mais on aurait peine à pousser plus loin ce rapprochement hasardé.

Halifax présente un spectacle fort agréable. Les maisons sont nombreuses, grandes, à plusieurs étages, propres et d'un aspect riant et avenant. Plusieurs églises, dont quelques-unes sont en pierre, mêlent leurs tours et leurs clochers aux toits d'essentes des habitations, et parmi ces saintes demeures, l'église catholique et les couvents, situés dans la haute ville, ne manquent ni de caractère ni d'une certaine majesté. Dans tous ces édifices religieux, le style employé est celui du quatorzième siècle, ainsi qu'il appartient au goût décidé de l'Angleterre pour l'architecture de cette époque. Quand on arrive à voir de près ces pastiches, on remarque bien çà et là quelques disparates. Tout n'est pas parfaitement copié ou copié sur d'assez bons modèles ou avec une suffisante intelligence. Il y a quelque chose à redire aussi à certains à peu près qui sentent l'érudition de province et qui peuvent choquer un goût délicat; mais en masse, tout passe, les détails disparaissent et l'ensemble est incontestablement beaucoup plus admissible et même agréable aux yeux, que les horribles temples grecs ou romains dont on est trop accablé.

Un des effets de cette architecture imitée du gothique est de donner à la ville, en définitive toute neuve, un certain air de respectabilité que les vieilles choses possèdent seules.

Les rues principales courant toutes parallèlement au port, une ligne d'édifices semble baigner ses pieds dans l'eau. Ce sont pour la plupart des magasins appartenant à de grandes maisons de commerce, et entrecoupés de débarcadères ou *wharfs* puissamment assis sur des pilotis énormes. Devant ces plates-formes dont l'accès n'est pas autrement facile et commode pour les pieds qui ne sont pas marins, les bâtiments de toutes les formes viennent se presser, goëlettes, sloops, bricks, trois-mâts, etc. Les jours de fête, cette marine commerçante se pavoise de ses couleurs nationales et le vent agite sur les eaux de la baie le plus riche bariolage. France, Amérique, Espagne, Villes anséatiques, Prusse, y marient leurs pavillons aux couleurs blanche et bleue de la Nouvelle-Écosse, et ce concours d'insignes si divers témoigne honorablement de l'activité industrielle qui règne dans le pays.

En face de la ville, de l'autre côté du bassin, s'étendent de beaux villages, qui forment comme une espèce de banlieue à la métropole de l'île; tout le jour deux petits bâtiments à vapeur circulent d'une rive à l'autre, transportant voyageurs, marchandises et voitures attelées. Enfin, au-dessus de ces villages, sur une éminence boisée et au milieu d'un parc anglais dessiné avec un soin et un bon goût particulier, s'élève un vaste édifice construit d'une façon si élégante, qu'on le prend d'abord pour la résidence de quelque puissant ou riche personnage. C'est une erreur capitale. La colonie a élevé là à grands frais un asile pour ses aliénés.

Nous étions à peine arrivés et nos ancres se posaient au fond de l'eau, quand nous aperçûmes à l'extrémité de la baie *l'Indus* de cent vingt canons, une frégate de cinquante, et une grande canonnière, tous bâtiments de Sa Majesté Britannique, sous le commandement de l'amiral sir H. S***, arrivant de la Jamaïque. A tous les titres, *le Gassendi* devait une visite à l'amiral, et nous nous empressâmes de remplir un devoir qui devait être, de tous points, un plaisir.

L'Indus est un vieux vaisseau, et il a très-probablement atteint le terme d'une fort longue carrière. Aussi ne paraît-il plus réservé à de grandes aventures nautiques. Mais si c'est un vieillard, c'est un fort beau vieillard et très-vert. Il ne lui manque pas une seule dent, ainsi qu'on peut le voir à ses trois rangées de grosses pièces qui allongent leurs têtes noires en dehors de ses sabords. Comme sur les vaisseaux de cette taille, on arrive en haut au moyen d'un escalier, qui figurerait avec avantage au milieu des quatre étages d'une belle maison, et lorsque le pied se pose sur les planches du pont, c'est au milieu d'une place publique qu'on se trouve, place publique occupée par les habitants nombreux et surtout d'aspects et de costumes variés que présente toujours un navire de guerre anglais.

Une foule de matelots se laissent voir dans les manœuvres et sur l'avant. Les uns, appartenant à la vraie race anglaise, sont des hommes magnifiques, de belle stature, de beaux traits, l'air résolu, sans doute, mais surtout sérieux; les autres, Anglais aussi peut-être, n'ont pas une apparence aussi frappante, aussi noble; leur sang est évidemment mêlé pour le moins d'un sang plus pauvre; ils sont chétifs, pâles et flétris. Enfin beaucoup de nègres paraissaient sur *l'Indus*. Ce sont les recrues des îles occidentales.

Pour donner à cette foule si diverse d'origine, de penchants et d'allures, si peu compacte de sentiments, une raison solide de se tenir dans une même voie, on aperçoit les uniformes rouges des *marines*, et cette infanterie, célèbre pour sa loyauté et la ferme assurance avec laquelle elle a défendu la loi devant mainte mutinerie, tient garnison à perpétuité au milieu de ces équipages qui ne ressemblent nullement aux nôtres, ni par leurs qualités, ni par leurs défauts.

J'avais vu ailleurs des bâtiments de guerre anglais; j'en avais vu dans la mer des Indes et je m'expliquais alors la façon dont on recrutait leurs équipages bariolés par la localité au service de laquelle ils étaient consacrés. Mais en retrouvant à Halifax, dans les mers américaines, la même constitution, j'en conclus que ce que j'avais pris jadis, sur le navire de la compagnie des Indes *le Victoria*, pour l'exception, était réellement la règle de la marine anglaise tout entière, qui, ayant besoin de beaucoup d'hommes, prend son monde partout où elle peut, et ressemble au royaume des cieux en ce que, pour elle, il y a beaucoup d'appelés. Seulement, par une générosité très-grande, tous sont élus et on n'a plus qu'à veiller à ce qu'ils ne s'en aillent pas. Ce dernier point concerne les *marines*, qui sont les anges de ce paradis.

L'amiral S*** nous fit les honneurs de sa vaste dunette avec la franche bonté qui le caractérise. Nous eûmes le bonheur de trouver à bord lady S***, qui arrivait de la Jamaïque avec l'amiral, et se disposait à prendre possession le lendemain de la belle habitation réservée à Halifax au commandant en chef de la station des Indes occidentales, station importante assurément car l'ensemble des navires qui la compose présente un effectif d'à peu près trois cent trente bouches à feu. La courtoisie de nos hôtes abrégea beaucoup les lenteurs ordinaires d'une présentation, et il fut promptement décidé que nous nous reverrions dès le lendemain.

Les occasions ne manquaient pas et aucune ne fit défaut. Pendant notre séjour à Halifax, qui dura une quinzaine de jours, *le Gassendi* fut littéralement comblé des prévenances les plus aimables, et il y aurait, de la part de ses habitants, plus que de l'ingratitude à en perdre le souvenir. Aussi n'en ont-ils garde. Ce ne furent que fêtes, bals et dîners d'apparat. Son Exc. le comte de M***, gouverneur de la

Nouvelle-Écosse, lady M***, le général T***, commandant les troupes, l'amiral, nous prodiguèrent tour à tour toutes les marques d'attentions imaginables, et il serait difficile de dire ce qui l'emporta dans cet empressement du bon accueil, de l'extrême courtoisie ou de la cordialité. Le charme de ces réunions fut bientôt augmenté par l'arrivée de sir William Williams, le héros de Kars, l'orgueil de la Nouvelle-Écosse, où il est né, et qui venait d'être nommé commandant en chef des troupes britanniques dans tout le Nord-Amérique. Pour moi surtout, ce fut une surprise charmante et tout à fait inattendue; j'avais beaucoup entendu parler du général dans les provinces persanes, où il a fait jadis un long séjour, et nous prîmes un plaisir extrême à causer des Kurdes, des Loures et des Turcs, dans plus d'un salon d'Halifax. C'est une jouissance assez vive et assez délicate que de rencontrer dans un endroit perdu des gens avec qui l'on peut s'entretenir d'un lieu non moins perdu. Il y a là, comme un entrecroisement de sensations peu communes qu'il faut signaler aux sybarites.

Mais ce qui plaisait davantage aux dames venues d'Europe, dont quelques-unes peut-être ne songeaient pas sans douceur au moment d'y retourner, c'était de se rappeler les salons et les hommes de tous pays qu'on se trouvait y connaître. On riait à chaque nom dont on pouvait faire quelque chose ; on y cousait des anecdotes, on en disait un peu de bien, quelquefois un peu de mal, et cela faisait diversion aux réalités du présent, toujours imprégnées du parfum de la morue, car Halifax paye aussi son tribut à l'honneur qu'il a de faire partie des colonies septentrionales; la morue y règne, y gouverne, y impose la sensation perpétuelle de sa présence et de son omnipotence.

Je ne veux pas m'étendre outre mesure sur des peintures du *high life* prises dans la Nouvelle-Écosse. Je ne suis pas resté assez longtemps à Halifax pour être un juge très-compétent, et je craindrais d'ailleurs de passer pour trop prévenu. Je n'ai rien su, rien vu, rien entendu qui ne tourne à la gloire de toutes les maisons où j'ai été assez heureux pour être accueilli, et comme ce n'est pas une louange sans réserve que la malignité humaine demande ordinairement à un livre, le mieux est de n'en pas dire plus long. Mon scrupule me paraît d'autant plus fondé, en cette circonstance, que comme j'exprimais un jour toutes mes sympathies pour le pays, devant deux dames qui me faisaient l'honneur de m'interroger sur mes impressions; deux regards qui se croisèrent, un double sourire plein de doute et d'ironie, un double mouvement d'épaules, me donnèrent matière à réflexion, et si je n'osai pas demander ce que signifiaient ces signes de mauvais augure, je ferai peut-être bien, dans l'intérêt de ma réputation d'observateur, de supposer que la société de la Nouvelle-Écosse est, comme toutes celles qui se sont formées et brillent sur ce monde sublunaire, obscurcie par quelques taches perdues au milieu des clartés que seules j'ai su découvrir.

Je sors et je vais dans les rues de la ville et dans la campagne, où ce qu'on voit, on le voit plus librement et sans tant de prestiges. Je dois dire que je ne rencontrai plus là cette politesse qui m'avait tant charmé. Je m'aperçus même que la population d'Halifax, ce qu'on pourrait appeler ailleurs la bonne bourgeoisie, est très-loin de valoir sous ce rapport les habitants du cap Breton. Il me fâcha même de trouver des prêtres catholiques affectant ces manières rustiques et peu bienveillantes dont je n'avais pas encore connu de spécimens. Quand j'en fis la remarque à des personnes du pays, elles convinrent de la vérité du fait et cherchèrent à l'expliquer, en accusant les hommes des États-Unis d'avoir donné ce mauvais exemple. Il est assurément fâcheux qu'il ait été si bien imité, car il en résulte une mauvaise impression chez les étrangers, et certainement les gens d'Halifax valent mieux que leur abord. Une assez ridicule affectation de ne pas rendre le salut qu'on leur fait, une sorte de démarche guindée, un sourcil froncé, l'air menaçant et agressif sans aucune cause, il est difficile de comprendre à quoi ces manières peuvent servir chez des gens de profession paisible.

Une autre importation des États-Unis qui ne mérite pas plus de faveur, ce sont les livres. Il existe à Halifax une belle librairie, boutique somptueuse, dont les vitrines éclatent de reliures dorées, rouge, bleu, vert, marron, des couleurs les plus riches. On en conçoit, au premier abord, les meilleures présomptions en faveur des goûts littéraires de la petite capitale. Je fus curieux de voir ce que c'était que le bon marché si vanté des éditions américaines, car la plus grande partie de ces livres viennent de New-York et de Boston, et je fis l'acquisition de quelques volumes. Au premier examen, je fus désabusé. Ces livres ne sont nullement aussi bon marché qu'on le fait croire, et la librairie française obtient des résultats infiniment plus remarquables sous ce rapport. Ensuite, et surtout, ces mêmes livres seraient à beaucoup plus bas prix, qu'ils coûteraient trop cher encore, car ils n'ont pour eux que l'éclat de leurs reliures de toile. Ils sont mal imprimés, sur mauvais papier, et ce qui est pis, avec l'incorrection la plus choquante. Les fautes y fourmillent tellement, que des phrases entières sont incompréhensibles, et on reconnaît là sans peine un des résultats de ce genre de spéculation qui admet la tromperie comme son premier élément de succès. Il ne se peut rien voir de plus mauvais que ces éditions, et cependant il paraît certain que le public auquel elles sont surtout destinées, le public de l'Amérique anglaise, comme celui des États-Unis, s'en contente. Les livres, je l'avais déjà remarqué au cap Breton, sont considérés dans ces contrées comme des meubles meublants. Il est nécessaire d'en avoir dans une maison. On en fait un ornement de salon ; il faut au moins pouvoir en charger un ou deux rayons. Cela donne bon air à l'habitation de celui qui les possède, et le met en situation de passer pour homme grave et nourri de saine littérature ; mais il n'est pas pour cela obligé de lire quoi que ce soit en dehors de son journal, et il se borne, sa vie entière, à y glaner çà et là les phrases à effet dont il aime à brillanter sa conversation. Quant à ouvrir un livre et à l'étudier pour tout de bon, c'est ce qu'il ne fait jamais. Tout habitant du continent d'Amérique, quand il est d'origine anglaise ou qu'il s'est assimilé aux gens de cette origine, représente à ses propres yeux la sagesse incréée ; il n'a besoin de rien apprendre, il sait tout et mieux que tout, car il dispose de l'avenir, et en cela il se montre très-supérieur aux marquis de Molière, dont les prétentions n'allaient pas si loin, et qui d'ailleurs daignaient lire quelquefois.

Puisque j'en suis sur le chapitre des choses intellectuelles, je ne dois pas omettre de dire qu'il y a un théâtre à Halifax; mais l'aspect seul démontre clairement que ce n'est pas là un plaisir favori pour les habitants de la ville. A part quelques dispositions architecturales qui révèlent à l'intérieur une velléité grecque ou romaine chez l'architecte, on n'a affaire ici qu'à une grange. Point de loges, une série de bancs dans une salle oblongue, garnie au fond d'une tribune vaste et obscure. En face de la scène et tenant lieu de stalles d'orchestre, sont disposés quelques fauteuils et des chaises pour les personnes notables du pays et les officiers de la garnison, qui veulent bien quelquefois assister à la représentation. En fait d'ornementation et de luxe appliqués aux jeux de la scène, c'est ici l'enfance de l'art, et je ne crois pas que le théâtre du *Globe*, où Shakspeare a jadis donné ses chefs-d'œuvre, se signalât par une plus grande simplicité. Aussi, n'y a-t-il pas beaucoup lieu d'admirer le stoïcisme avec lequel les gens religieux des différents cultes renoncent à un tel plaisir. On le déclare profane au premier chef, et on se fait une gloire d'en repousser victorieusement les pauvres séductions. Le triomphe est trop facile. Quoi qu'il en soit, les soldats et surtout les matelots, forment à peu près seuls, avec quelques Irlandais d'une condition modeste, le public habituel du théâtre. La littérature qu'on y expose s'en ressent, et il n'y a que dans le cas où des acteurs étrangers, venus soit de New-

York, soit de Londres, font un appel plus séduisant à la curiosité, que l'auditoire prend un aspect plus respectable et plus sérieux.

Il arriva précisément une circonstance de ce genre pendant notre séjour. D'immenses affiches jaunes, placardées dans tous les coins de la ville, apprirent au public que le grand et étonnant tragédien, M. ***, était justement arrivé de la métropole, et avait consenti à donner quelques représentations des pièces de Shakspeare. Il devait être secondé par l'adorable miss ***, si célèbre à Boston et ailleurs par la façon dont elle rendait le personnage d'Ophélia. Les gens de goût se laissèrent émouvoir, et pendant quelques jours on alla entendre rugir Richard III, et déblatérer Hamlet.

Mais pour que le plaisir fût réel, il eût fallu du moins que la voix des acteurs pût arriver au public, ce qui paraît être, dans le régime ordinaire, un souci très-médiocre chez les habitués, qui préfèrent parler eux-mêmes, et non pas à voix basse, tout le temps que dure la représentation. Quand la toile se baisse, on se bat. Le directeur ne vit d'autre moyen d'atteindre le but si désirable qu'il se proposait, que de prier humblement l'amiral de venir au spectacle en uniforme. Cette prière fut gracieusement accueillie. Ce fut, je dois l'avouer, une véritable déconvenue pour une grande partie de l'auditoire. Je vois encore dans la tribune une foule de matelots gaillardement installés avec quelques dames de leur choix, et se préparant à passer une bonne et joyeuse soirée. On commençait à rire aux éclats, à échanger de gros mots, à se pousser ; on allait faire mieux quand l'amiral entra. A sa vue un silence profond se rétablit, les bonnets tombèrent de quelques mauvaises têtes qui se proposaient bien de les garder toute la soirée, uniquement afin de narguer les gens paisibles. Mais l'aspect seul de la figure joyeuse et bienveillante du commandant en chef mit en fuite tous ces projets. Le matelot se trouva visiblement mal à son aise et médiocrement flatté de partager un plaisir avec son chef, sur qui tous les yeux se fixèrent, et ce fut là le véritable spectacle de la soirée, car, de temps en temps, la troupe turbulente avait envie de donner cours à ses instincts. Un murmure de voix plus ou moins hargneuses s'élevait d'un coin de la tribune, grandissait, gagnait du terrain, menaçait de dégénérer promptement en tapage. L'amiral alors se retournait lentement dans son fauteuil, regardait d'un air froid son peuple, aussitôt calmé, et tout rentrait dans le silence. On put juger de l'effet de sa présence pendant quelques minutes d'entr'acte où il sortit de la salle. Ce fut un vacarme à se croire transporté en plein sabbat. Il reparut, tout rentra dans l'ordre. Le comparer à Neptune calmant les flots, serait par trop commun ; cependant on ne pourrait mieux dire.

Puisque j'en suis à parler des matelots dans leurs rapports avec le théâtre, je ferai tout aussi bien de continuer à m'occuper de cette classe si considérable de la société britannique, mais à des points de vue plus ordinaires. A côté des affiches qui appelaient le public à jouir des talents de l'incomparable tragédien et de la délicieuse miss ***, il y en avait de non moins apparentes et non moins nombreuses qui informaient les sujets de Sa Majesté que l'on avait besoin de marins à bord de tels et tels bâtiments de guerre. Le nom du vaisseau était en grosses lettres, et au-dessous, en lettres plus grosses encore, celui de son vaillant et intrépide commandant, le brave capitaine ***. On était assuré de trouver à bord l'accueil le plus empressé, tant de livres de bœuf, tant de mouton, des légumes, de l'eau-de-vie, beaucoup d'égards, enfin ce qui constitue une existence navale pleine de charmes. C'était au matelot à réfléchir sur les conditions qu'on lui offrait.

Une telle façon de recruter n'est plus dans nos habitudes et nous fait l'impression d'un retour aux choses antiques. C'était à peu près ainsi que jadis l'on s'y prenait chez nous pour notre armée de terre, aux environs du quai de la Ferraille. Dans toutes les possessions anglaises, ce régime est resté en pleine vigueur, et les affiches ne sont qu'un des moyens de succès les plus ordinaires. Mais lorsque le besoin

d'hommes est vraiment sérieux, quand le temps
presse et qu'un vaisseau attend son équipage pour
partir, on a recours à des séductions et à des entraînements beaucoup plus savamment calculés. Les
officiers du bord parcourent la ville dans des voitures découvertes, avec des drapeaux et des musiciens, parmi lesquels la grosse caisse joue un rôle
éminent. A chaque carrefour on fait halte et, dans
des discours enthousiastes, on célèbre le bonheur des
mortels embarqués sur le navire de Sa Majesté qu'il
s'agit de peupler. Un chœur de matelots armés de
toutes pièces suit les voitures, en agitant ses armes,
témoigne par ses cris et ses serments de la vérité
de tout ce qui est dit, et les bouteilles de rhum et
de brandy sont mises en circulation dans la foule.

Mais si le matelot anglais, non plus que le marin
d'aucune nation, n'a pas précisément la prudence
du serpent, pour peu qu'il ait déjà navigué, il
a quelque expérience, et ni la grosse caisse ni la
bouteille de rhum ne suffisent à calmer ses appréhensions. La grande affaire c'est de savoir l'humeur
du capitaine sous lequel on va s'enrôler. Qu'il soit
brave et entreprenant, c'est un grand point sans
doute, et il est flatteur de servir sous les ordres d'un
chef qui peut faire parler de lui et, par contre-coup,
de vous. Il ne semble pas, sans doute, que le matelot, ainsi que le soldat anglais, ait au même degré
que nos guerriers la pleine confiance de concen-

trer sur lui toute l'attention de l'univers et d'être contemplé par les siècles ; de si hautes idées les occupent peu ; mais ils ne sont nullement insensibles cependant à la considération qui peut rejaillir, pour eux, dans leur entourage, d'avoir pris une part quelconque à un fait célébré par les journaux, et ils ne sont pas fâchés de se dire le matin et le soir d'une affaire : « Que va penser de tout ceci Jack, Mary, Betty, ou Tom ? »

Pourtant l'honneur réduit, même à ces proportions très-raisonnables et que l'on trouverait peut-être un peu prosaïques dans nos régiments et sur nos navires, ne tient pas encore la première place dans ce qu'on veut savoir du capitaine. Est-il difficile en matière de tenue ? Est-ce un *great disciplinarian*, un homme ferme sur les principes de la discipline, et pour tout dire en un mot, fait-il ou non un appel fréquent à l'intervention du *chat à neuf queues ?* Voilà le grand point.

Le chat à neuf queues, qui remplace, dans la main dominatrice de la Grande-Bretagne, le trident de Neptune et lui donne l'empire des mers, est, comme on sait, un instrument formé d'un manche de médiocre longueur auquel sont attachées neuf courroies de cuir solide et irréprochable, garnies de nœuds convenablement serrés. Cet outil, fabriqué avec un soin respectueux, représente le palladium de l'ordre à bord des navires de guerre ; c'est en outre un puissant moyen d'éducation nautique; il calme les passions, surexcite le zèle, inculque le respect, ranime le courage, en un mot, c'est une source féconde de vertus. Mais, comme de toutes choses, même des plus belles, l'abus n'en vaut rien, l'abus parfois ici dégénère en inconvénient, et il est si peu d'esprits mesurés dans le monde, que le matelot a tout à fait raison de craindre qu'un engagement trop précipité ne le fasse tomber sous la puissance d'un chef trop épris du chat à neuf queues.

Quand ce malheur lui arrive, il faut qu'il souffre, et, le plus possible, en silence. Il en a pour plusieurs années d'une situation d'autant plus dure qu'elle est sans remède. L'opinion publique elle-même n'est pas de son côté, à moins d'excès bien démontrés et tout à fait criants. Car le chat à neuf queues, il faut bien le dire, est absolument indispensable dans la marine anglaise, recrutée comme elle l'est, et lorsqu'on admet de pareils moyens de gouvernement, il faut évidemment être très-réservé dans le jugement qu'on peut porter sur la mesure de l'emploi. Le trop et le trop peu sont déterminés par des circonstances si spéciales que l'enquête la plus sévère et la plus sage peut à grand'peine établir la balance exacte, et l'on comprend de reste qu'en poursuivant l'équité de très-près, on risque de désarmer absolument l'autorité.

Le matelot seul doit savoir s'il y a superfluité

dans la façon dont un commandant dispense les coups, ou s'il s'en tient au strict nécessaire. Comme son opinion n'est contraire en aucune façon au chat à neuf queues, et qu'en soi, il le considère comme une institution bonne et nécessaire, il peut mieux que personne se former un jugement sur la question délicate proposée à son choix. Il y a plus, tel capitaine est connu pour user trop libéralement du redoutable instrument; mais, en revanche, il est généreux, ou bien il passe facilement sur certaines catégories de fautes, ou bien il a le propos joyeux et l'abord facile, ou bien il ferme les yeux quand, dans une relâche, on a fait à terre un peu de tapage, voire même du dégât. Dans de telles circonstances, la brutalité même très-constatée n'épouvante pas les plus lurons, et ils vont gaiement apposer leur signature au bas de l'acte qui les livre pour un temps donné à l'absolu pouvoir du terrible chef.

Mais lorsque des considérations de cette nature n'existent pas ou sont insuffisantes, le matelot résiste à toutes les séductions, s'obstine à ne pas sortir du cabaret, refuse de prendre du service, et tel bâtiment de Sa Majesté reste pendant des mois en rade, parce qu'il n'est pas possible de compléter son équipage. Il n'y a d'autres ressources alors que de changer le capitaine ou bien de verser à son bord une partie des engagés qui se destinaient à d'autres chefs. C'est une opération, il faut l'avouer, qui ne laisse pas que de prêter le flanc à la critique au point de vue de la bonne foi. Mais la nécessité !

Ces difficultés préliminaires surmontées et le matelot installé à bord, on l'y trouve entouré d'un comfort qui n'est pas à l'usage de nos hommes. Sur tous les bâtiments de quelque dimension, le marin anglais possède une véritable installation : il a sa table, ses assiettes, ses plats, son couvert, une nourriture beaucoup plus abondante et variée, il mange plus de viande. En fait de bien-être matériel, il n'a enfin rien à souhaiter. Il s'est engagé pour cela et naturellement il a le droit de l'obtenir. Pour tout dire en un mot, le matelot anglais n'est pas un citoyen qui sert pour obéir aux lois de son pays, qui, contrarié peut-être de porter l'uniforme, est pourtant relevé à ses propres yeux par l'idée d'un devoir honorablement accompli, auquel, par conséquent tout le monde, et surtout ses supérieurs, doivent et accordent certains égards, et à qui il n'est pas question de faire journellement violence ; c'est un stipendié qui n'ayant pas trouvé d'occupation plus lucrative ou plus convenable, est venu s'offrir de lui-même au service de la reine, et qui, une fois entré en possession des avantages qui lui ont été promis dans son contrat, n'a absolument rien de plus à réclamer.

Aussi s'en faut-il de beaucoup que cet immense

personnel naval si supérieur au nôtre au point de vue du nombre, lui soit comparable en rien au point de vue moral. Il y a dans la marine anglaise une élite, en quelque façon physique et dont j'ai déjà dit quelques mots, composée d'hommes bien faits, vigoureux, jeunes, remarquablement beaux, et dont je veux croire que la majorité possède un sens commercial suffisamment honnête. Ce sont des ouvriers militaires qui se sont loués à l'État et qui sont décidés à remplir fidèlement leurs obligations. Ce sont de bons et dignes matelots, qui méritent toute espèce d'estime; mais, je ne sais si c'est bien là l'idéal de l'homme de mer employé au service de sa patrie, et je n'hésiterais pas à donner la préférence à nos bons matelots sur les bons matelots anglais.

Je viens de parler de l'élite; toute élite est, de sa nature même, en nombre comparativement faible. La grande masse des équipages anglais exige impérieusement la présence des *marines* à bord du bâtiment. C'est un composé de buveurs émérites, une population de cabarets et de mauvais lieux, des sacripants sans foi ni loi, qu'on est généralement obligé de consigner avec un soin très-particulier, lorsque le bâtiment est en relâche quelque part; autrement, aussitôt qu'ils ont touché le prix de leur engagement, leur idée fixe est de gagner au pied et de retourner dans la taverne, en face du broc, dont l'épuisement complet de leur crédit les a seul pu éloigner. Pour ce monde-là, déserter est un but constant, et quels que soient la sollicitude avec laquelle on les surveille et le nombre de sentinelles dont on les entoure, ils trouvent toujours moyen de s'emparer d'une embarcation et de s'enfuir. J'ai vu un bâtiment d'où ils s'échappaient par demi-douzaines à la fois.

Je conclus de tout ceci que la marine anglaise, cette force assurément imposante et redoutable au plus haut degré, n'est pas sans avoir son côté faible. Tant que la constitution actuelle régira la Grande-Bretagne, et que ce pays, sous des apparences libérales, conservera précieusement les ressorts de fer qui seuls constituent sa puissance, il restera tel qu'on l'a vu dans le passé, qu'on le voit encore dans le présent. Mais si une fois les doctrines de libéralisme dont il aime à se faire gloire, et que jusqu'ici il a plutôt prêchées aux autres pays que pratiquées à domicile, finissent par prévaloir à l'intérieur, il en résultera bien des changements dont il est difficile de déterminer la portée. Si une fois, dis-je, ce parti avancé, qui depuis quelques années s'est acquis une puissance réelle au sein de la Chambre des communes, réussit à se fortifier, à s'étendre, à vouloir pratiquer ce qu'il enseigne et à pouvoir réaliser ses désirs, il sera difficile que l'armée anglaise demeure ce qu'elle a été jusqu'ici, et, à plus forte raison, la marine.

Il semble qu'inévitablement les idées modernes, pénétrant dans l'État, ne pourront pas manquer de franchir le seuil du domaine militaire ; la compression violente, déjà incriminée plusieurs fois dans le sein du parlement, le sera avec plus de succès ; il faudra y renoncer, et pour sauver la discipline, modifier du même coup d'une manière absolue le système du recrutement.

Il est possible qu'en ce qui concerne l'armée, il doive y avoir profit à ces nouveautés, au point de vue exclusivement militaire, bien entendu. Mais, quant à la marine, il n'en saurait être de même, et incontestablement, dans des éventualités pareilles, si l'on était contraint de ne plus compter que sur la population vraiment navale, de ne plus peupler les vaisseaux de l'État qu'avec les hommes de mer proprement dits, et de partager ce personnel avec la marine marchande, on n'aurait plus de beaucoup les mêmes ressources qu'aujourd'hui. Car le nombre des navires peut s'accroître indéfiniment, c'est là une question de dépense : il ne saurait en être de même du personnel, que tous les efforts du monde n'augmentent pas à jour dit, s'il n'existe déjà dans les conditions où on le souhaite, et, je le répète, au cas où l'on ne serait plus autorisé à employer sur les bâtiments de la reine cette tourbe que la menace et la violence réussissent seules à contenir, les vingt-huit millions d'habitants qui forment la population du

Royaume-Uni ne suffiraient pas à armer, comme ils le font aujourd'hui, les bâtiments de guerre et les bâtiments de commerce. Cependant les circonstances sont telles que l'on peut considérer la population maritime de l'Angleterre comme ayant atteint son maximum. On n'en saurait dire autant de la nôtre. Il est bien des moyens par lesquels on pourrait la multiplier, bien des réformes administratives qui lui permettraient de s'accroître. D'ailleurs nous avons pour y suppléer notre recrutement militaire, source féconde, on pourrait dire inépuisable de forces, d'autant plus dignes d'être appréciées, que l'emploi bientôt exclusif des navires à vapeur rend moins difficile qu'autrefois l'apprentissage naval. Il n'est plus de beaucoup aussi nécessaire désormais de commencer ce métier dès l'enfance.

Il n'y a donc pas lieu d'estimer que la force actuellement prépondérante de l'Angleterre, en matière de marine, soit un spectacle décourageant ou inquiétant pour nous dans l'avenir. La moralité de nos populations provinciales est de beaucoup supérieure à celle de nos voisins ; nos tendances intellectuelles sont plus hautes, et nous permettent d'accepter des institutions donnant plus d'honneur que de profit ; par cela seul, nous avons plus d'avenir que n'en saurait promettre un système qui paraît être à son déclin, et qui, remplacé par des institutions vraiment et réellement libres, ne pourrait voir surgir à sa place un véritable état militaire. La raison en est que l'esprit britannique ne possède pas une pareille tendance ; il tournera de toute nécessité vers le même pôle utilitaire que l'esprit américain ; il en aura les mérites, il en recueillera les profits ; mais les États-Unis ne sauraient posséder ni armée, ni marine sérieuses, et ce qui leur est permis, quant à présent, dans l'éloignement occidental où ils vivent, ne peut convenir aux nécessités qui entourent l'existence d'une grande nation européenne.

CHAPITRE VI.

Excursions.

Les environs d'Halifax sont fort jolis. L'aspect en est assez semblable à celui de Sydney. C'est toujours la même nature de jardin anglais : une apparence jeune, soignée, un peu débile, rien de grand, ni de majestueux que l'étendue du miroir marin, mais un peu plus de fertilité, car le climat est moins rude et le sol meilleur. Cependant, bien qu'Halifax soit comparativement une grande ville, puisqu'on y compte à peu près vingt mille habitants, la population est très-faible aux alentours, les villages sont peu agglomérés, et l'émigration, loin de se porter sur ce point en nombre quelque peu considérable, y enlève chaque année une certaine quantité de jeunes gens des deux sexes.

Toutefois, Halifax ne laisse pas que d'être une cité florissante, et elle compte beaucoup de maisons de commerce si considérables, qu'elle peut les citer avec orgueil même en face des grands capitalistes américains. En première ligne, se place naturellement la maison Cunard, dont le chef a été décoré du titre de baronnet par la reine, et qui possède et exploite de nombreux paquebots.

Pendant notre séjour, on célébra l'anniversaire de la fondation de la ville, vieille d'une centaine d'années. Les choses se passèrent comme dans tous les pays du monde en pareil cas. La citadelle, placée sur une éminence qui domine la ville, se pavoisa richement et tira un nombre considérable de coups de canon. Une grande revue des troupes fut passée par le lord gouverneur. Ce fut une occasion de faire briller les uniformes de la ligne et ceux des troupes coloniales ; mais la présence du général Williams releva surtout l'éclat de la solennité, car il était l'objet de toute la curiosité, de toute l'admiration, de tout l'orgueil de ses concitoyens. J'ai dit déjà que le défenseur de Kars est originaire de la Nouvelle-Écosse. Il n'est tel que les petits pays pour savourer avec enivrement la gloire d'avoir donné le jour à un homme célèbre. Chacun, grand ou petit, prend sincèrement une part dans cette réputation et s'en honore avec ferveur. C'est un sentiment, à coup sûr, respectable au plus haut degré et qui ne fait pas moins l'éloge de la foule qui le ressent, que de l'heureux mortel qui l'inspire. L'apparition du général Williams à la revue fut donc un véritable triomphe.

Le soir il y eut un banquet auquel nous fûmes conviés, et la santé de l'empereur y fut portée avec les mêmes marques de respect qui entourèrent le nom de la reine.

Une solennité d'un autre genre se préparait à Truro, petite ville située à quelques lieues d'Halifax. C'était la visite annuelle du lord-gouverneur à l'école normale de la colonie. S. S. lord M. et le général Williams, son compagnon indispensable, voulurent bien nous offrir de nous joindre à eux, et nous acceptâmes avec empressement une si bonne occasion de voir le pays, un monde nouveau et quelques traits de mœurs encore inconnus.

De bonne heure nous partîmes par le chemin de fer. Là, point d'établissements somptueux, point de gares monumentales ni de magasins en forme de temples. Le strict nécessaire n'a pas été dépassé.

Tout est construit en planches et se contente d'être propre ou à peu près. Les rails sont établis simplement sur des pièces de bois transversales, et il semble même qu'on n'en ait pas calculé la solidité au delà des besoins du nombre médiocre de voyageurs qui, pour le moment, sont appelés à s'en servir. Plus tard, quand la population aura augmenté, on fera mieux sans doute, mais personne n'en demande davantage; en revanche, on a fait ici pour le chemin de fer ce que j'ai déjà observé au Cap-Breton pour les routes. On l'a jeté hardiment et le plus loin possible au milieu d'une région inhabitée, afin d'en rendre l'accès facile et d'y attirer la population.

Ce système paraît réussir, autant que les circonstances s'y prêtent, car, en effet, on voit çà et là sur le parcours des loghouses et même des maisons qui, suivant toute vraisemblance, ne se seraient point fondées dans ces localités s'il n'y avait pas eu un moyen d'y arriver et d'y faire venir des ressources.

Dans toutes les colonies anglaises, dans tous les pays habités par la race anglo-saxonne, on ne peut se lasser d'admirer l'instinct sûr et droit avec lequel les gens vont au fait, sans s'amuser aux détails oiseux. A la Nouvelle-Écosse comme ailleurs, la grande affaire étant de gagner de l'argent, on ne s'amuse pas à en dépenser sans profit, et de même que les chemins de fer doivent atteindre le plus loin possible au meilleur marché que faire se peut et, en conséquence, se contentent de gares qui sont des cabanes et de rails strictement solides, de même tout le pays d'Halifax n'a pas un seul débarcadère qui prétende au monument. Le wharf de la maison Cunard elle-même, qui sert à embarquer et à débarquer des millions ne vaut pas mieux que le plus grossier tréteau de planches où jamais, en France, pêcheurs de sardines aient déposé leurs cargaisons. Ce n'est pas là de quoi séduire l'esprit artistique de nos savants ingénieurs, mais nos hommes pratiques y trouveraient peut-être quelque leçon à méditer s'il est vrai que la première condition du beau soit d'être à sa place.

L'intérieur des wagons est aussi austère que l'aspect de la voie ; ils ne sont pas divisés en compartiments, mais, comme nos véhicules de troisième classe, ce sont des espèces de galeries ayant, au centre, un couloir, et à droite et à gauche des séries de bancs à dossiers. On a supposé que les gens amollis ou aimant leurs aises ne voyageaient pas dans la Nouvelle-Écosse. Cette sévérité va, du reste, assez bien avec l'aspect du paysage, qui ne tarde pas à s'enfoncer dans un dédale de marais. On traverse plus d'eau que de terre et on voit plus de buissons encore que d'arbres. Ce n'est pas que les sapins et les bouleaux soient rares. Ils se pressent, au contraire, touffus et en grand nombre.

L'œil ne pénètre pas loin dans leurs masses épaisses et sombres, mais cette végétation est mesquine, rachitique, mal nourrie par un sol infécond.

Nous arrivâmes à Truro, où l'industrie de l'homme fait son devoir pour obtenir de la terre un peu de fertilité.

Le bourg se compose d'une série de jolies maisons de bois, la plupart à un étage, proprement peintes, d'un aspect assez gai, précédées d'un enclos de palissades soigneusement rabotées, blanches ou grises, bordant la grande route. Mais dans ces enclos il ne pousse pas grand'chose, et on y contemple avec plus d'espoir que de plaisir quelques maigres tiges d'acacias qui seront arbres un jour, pourvu que Dieu leur prête vie.

L'École normale, surmontée du pavillon de la colonie, se signalait au milieu de toutes ces habitations par une construction particulièrement soignée et des développements beaucoup plus vastes. Nous entrâmes et nous fûmes immédiatement introduits dans les classes.

L'établissement a pour but principal de former des maîtres et des maîtresses d'école pour toute la Nouvelle-Écosse et le Cap-Breton, mais on y a adjoint aussi des classes d'instruction inférieure où les enfants du pays reçoivent leur éducation. Nous étions venus pour tout voir et nous vîmes tout consciencieusement.

Une première salle nous montra une chaire élevée dans laquelle se tenait debout une dame maigre, habillée de noir et la tête ornée de deux boucles de cheveux tombant parallèlement à un nez fort long.

En face de cette sibylle et sur un amphithéâtre de planches une quarantaine d'enfants de trois à cinq ans étaient rangés, les yeux fixés sur elle. Ce ne fut pas une petite affaire que d'empêcher notre entrée de détruire d'une manière irrémédiable l'immobilité de ces jeunes étudiants. La maîtresse y porta tous ses soins en roulant, dans son visage pâle, des yeux qui paraissaient peu habitués à exprimer la tendresse.

On fit d'abord exécuter aux patients une sorte de mélopée accompagnée de gestes des bras et des pieds qu'ils avaient à imiter de leur institutrice. Cet exercice, destiné à leur faire discerner leur main droite de leur main gauche, à leur faire savoir positivement ce que c'est que le pied et en quoi il diffère de la tête, des bras, et surtout à fixer leur attention sur ces graves sujets, me parut plus extraordinaire que tout ce que j'ai jamais vu en Asie. Il ne serait pas possible d'imaginer un spectacle plus fantastique que celui de cette femme noire, chantant d'une voix fausse des absurdités et se démenant comme une possédée, en collaboration avec cette troupe d'enfants, dans le but unique de leur inculquer des vérités qui, partout ailleurs, s'apprennent sans tant de façons. Mais, pour être tout à fait exact, il ne faut pas oublier de dire que le but principal du système est de remplir, dès le plus jeune âge, l'imagination des enfants de données parfaitement positives et de l'empêcher de se perdre dans des rêveries sujettes à contestation.

Toutes ces petites machines exécutèrent leurs mouvements avec une précision très-satisfaisante et, en peu de temps, parurent tout à fait indifférentes à la présence des étrangers. Seul, un garçon de trois à quatre ans fit exception. Aussi longtemps que nous restâmes on ne put réussir à faire lâcher prise à ses yeux attachés sur nous avec l'expression du plus profond étonnement. La maîtresse eut beau l'apostropher dix fois d'un : *James!* prononcé d'une voix caverneuse, James ne put être rappelé à l'ordre. Il serait curieux de savoir quel aura été le destin du pauvre James après notre départ. S'être rendu coupable d'une telle faute n'annonce pas évidemment un esprit parfaitement positif, et permet de suspecter à bon droit l'existence d'un germe rétif d'imagination dans cette jeune tête. Comment peut-on s'y prendre pour venir à bout d'une disposition si funeste ?

Il serait difficile de croire qu'on ait recours aux châtiments manuels. Ce n'est pas une méthode assez savante et digne du système. Il doit y avoir là quelque procédé plus compliqué et sentant l'esprit moderne. Je pense involontairement à Rarey qui ne frappe pas ses chevaux et ne les violente jamais, mais qui parvient à force de douceur à les épuiser si bien que, couverts de sueur, tremblants de tous leurs membres, énervés à faire pitié, il ne leur reste pas un atome de vigueur ni une velléité de résistance. On ne traite pas assurément les enfants d'une façon aussi radicale; mais probablement la mansuétude qu'on emploie pour arracher de ces jeunes esprits les tendances qu'y a plantées la nature doit arriver aux mêmes fins par des moyens analogues.

Après la gymnastique de haute philosophie à laquelle nous venions d'assister et qui doit créer, en effet, des impressions sur lesquelles se modèle la vie entière, un autre exercice non moins important suivit. La maîtresse fit faire de mémoire aux enfants plusieurs opérations faciles d'arithmétique, et nous admirâmes la prestesse avec laquelle ces petits calculateurs réunirent et séparèrent plusieurs nombres.

On ne leur demandait pas directement ce qu'on voulait savoir d'eux, mais la maîtresse posait la question et attendait. Bientôt une certaine quantité de petites mains se levaient pour indiquer ceux qui se croyaient en état de répondre. Alors elle prononçait un nom, et c'était le propriétaire du nom qui donnait la solution attendue. Quelquefois il se trompait; alors, sans faire aucune observation, la maîtresse appelait un nom nouveau. Nouvelle réponse, et si elle se trouvait juste, aucun éloge ne la récompensait. Une autre question était posée.

On pouvait remarquer sans peine que les enfants portaient une vive attention à écouter, à chercher et à se mettre en avant. Un sentiment de rivalité déjà très-marqué régnait entre eux, et ils voulaient évidemment se vaincre, non pour l'honneur, mais pour la victoire.

Au bout de quelques minutes l'institutrice entonna un cantique, les enfants se levèrent tout droit et, les mains réunies derrière le dos, se mirent à défiler en chantant et marchant les uns après les autres. Ils firent ainsi le tour de la salle une ou deux fois et reprirent leur place. Nous sortîmes et on nous conduisit dans une autre classe.

Là, les élèves avaient de dix à quinze ans ; les filles se tenaient d'un côté, les garçons de l'autre. Un jeune professeur assez bien frisé, l'air glacial, était au pupitre. Ce n'était pas une figure de pédant, mais quelque chose entre l'agent d'affaires et le prédicateur dissident. Certes, jamais l'amour de quoi que ce soit n'avait touché ce cœur ni effleuré cette cervelle. Il jeta en l'air quelques questions de géographie et de dates historiques ; quelques mains se levèrent ; il prononça tour à tour des noms de filles et de garçons. On répondit mais sans empressement, et évidemment l'auditoire n'était ni intéressé, ni savant en ces matières. Maîtres et élèves paraissaient remplir un devoir fastidieux en s'occupant de pareilles choses.

Tandis que le va-et-vient des demandes et des réponses s'exécutait languissamment, une jeune fille se mit à compter rapidement sur ses doigts en faisant quelques grimaces. D'après ce qu'on me dit, cette gymnastique avait pour but de s'empêcher d'éternuer. En effet, elle n'éternua pas. Je livre la recette pour ce qu'elle vaut; peut-être n'a-t-elle toute sa puissance que pour les personnes bien et dûment convaincues que jamais éternument n'a porté intérêt, et que le calcul est une opération salutaire à tout propos, à laquelle on ne saurait trop recourir.

On quitta bientôt en effet géographie et histoire, et le maître posa de petits problèmes financiers. « Combien, s'écriait-il avec une conviction évidemment respectueuse, tant de dollars placés à tel intérêt rapportent-ils au bout de tant de mois? Indiquer la somme en guinées en tenant compte du change qui est de.... » Je dois le dire à l'honneur de cette jeunesse, quelques secondes étaient à peine écoulées qu'un grand nombre de mains s'agitaient en l'air, et il n'arriva pas une fois que la réponse fût erronée. Tous les yeux brillaient, tous les regards étaient attachés sur le maître. Les jeunes filles, non moins pénétrantes, non moins habiles que les garçons, attachaient de toute évidence l'importance la plus haute à calculer vite et à bien répondre, et elles y réussissaient à souhait.

On s'arrêta longtemps sur ces problèmes d'un si puissant intérêt. Le maître y mettait une passion froide qui correspondait parfaitement avec l'entrain de sa classe. Tout à coup, lui, aussi, il entonna un cantique. Garçons et filles, poussés par un ressort, se levèrent tout droits en détonnant, et les mains derrière le dos, comme avaient fait les petits enfants, défilèrent au pas ordinaire les uns après les autres et firent deux fois le tour de la salle. Quand ils eurent regagné leur place, on nous conduisit dans une troisième salle.

Ici, c'était évidemment le sanctuaire des sciences et des arts. Des jeunes filles de dix-sept à vingt-cinq ans, et peut-être au-dessus, occupaient les premiers pupitres d'une vaste enceinte soutenue par des colonnes. Le fond était occupé par des groupes de messieurs, les uns barbus, les autres rasés avec soin, tous vêtus d'habits noirs et portant des cravates blanches.

Sur une large estrade où nous eûmes l'honneur de nous asseoir le long du mur, se promenait le directeur de l'école normale, lui aussi tout de noir habillé, avec une énorme cravate blanche tournée autour de son cou comme un boa; maigre, longues jambes, grands-bras, nez crochu, gros yeux gris très-couverts, cheveux gris chiffonnés et hérissés de toutes parts ; physionomie d'homme convaincu de l'importance des fonctions que lui a conférées la Providence.

Il y avait en face de lui trois ou quatre jeunes filles dont une, particulièrement ornée d'opulents cheveux d'un blond hardi, se faisait reconnaître pour assez minaudière.

Aussitôt que nous fûmes assis, le maître releva la tête par un mouvement fier et impétueux, et sembla savourer d'avance les grandes choses qui allaient être dites. Puis, enfonçant ses deux mains dans les poches de son pantalon, il commença à se promener. Un profond silence régnait dans l'auditoire. Alors sa voix s'éleva sans qu'il interrompît sa promenade.

« Quelle est, dit-il, la science qui fait connaître la constitution du sol terrestre ? »

Un certain nombre de mains s'élevèrent. La jeune demoiselle blonde regarda le savant avec les yeux les plus doux. Il n'y fit pas la moindre attention, et continua sa promenade au milieu de l'attente générale. Tout à coup, il s'écria : « Monsieur Peters ! »

M. Peters se leva au fond de la salle, et d'une voix modeste répondit : « La géologie ! »

Tous les bras s'abaissèrent, et le savant professeur s'arrêtant sur le bord de la plate-forme, les jambes écartées, les mains toujours dans ses poches, et en imprimant à son buste un léger balancement de satisfaction, laissa tomber ces mots d'une voix d'oracle :

« La science qui fait connaître la constitution du sol terrestre, c'est *la Géologie !* »

Il se retourna brusquement, et d'une voix de fausset délicatement cadencée, il reprit :

« Comment se nomme la science qui fait connaître les métaux, la façon de les extraire, et les méthodes propres à les traiter ? »

Et il reprit sa promenade. Beaucoup de mains s'agitèrent avec une généreuse impatience. La jeune demoiselle blonde, qui remuait gracieusement la main gauche, appuya doucement la tête sur la droite, et roula plus que jamais des yeux languissants, mais le professeur ne s'en occupa non plus que la première fois, reprit précipitamment sa course, tourna deux ou trois fois autour de l'estrade, et s'écria : « Miss Clarke ! »

Une vieille fille fort respectable, ornée de grandes dents, se leva et, rougissant d'un air modeste, murmura : *la Métallurgie!* Puis elle se rassit avec une aimable confusion.

Le docte professeur mit le poing gauche sur la hanche, leva en l'air le bras droit, en étendant l'index comme s'il allait prendre le ciel à témoin de la proclamation courageuse d'une haute vérité, et d'un ton caverneux :

« La science qui fait connaître les métaux, la façon de les extraire et les méthodes propres à les traiter, se nomme LA MÉTALLURGIE ! »

Une demi douzaine d'autres questions posées avec la même solennité et avec la même passion dévorante, nous apprirent de même ce que c'était que la médecine, l'histoire, l'agriculture, la mécanique, etc., mais il ne fut pas question une seule fois de rien qui ressemblât à une idée. Il paraît qu'au point de vue américain et, par conséquent de la science de l'avenir, savoir comment une chose s'appelle, c'est la connaître suffisamment puisqu'on en peut parler.

Nous ne manquâmes pas d'exprimer toute notre admiration au directeur, qui reçut les éloges de l'air d'un homme auquel sa conscience tient lieu de tout. Mais j'avais déjà assez pris l'air de l'établissement pour être convaincu qu'on avait mieux que cela à nous montrer, et que le saint des saints allait enfin s'ouvrir.

En effet, la véritable science, l'art des arts, le fin des fins, le grand fin apparut : on se mit à calculer.

Je ne raconterai pas ce que j'entendis car, je dois l'avouer à ma honte, je n'en ai pas compris le quart. Tout ce que je puis dire, c'est qu'au seul énoncé des sommes formidables et des redoutables opérations proposées à l'action spontanée de la mémoire des auditeurs, le vertige paraissait s'emparer de gens plus habiles que moi. Il s'agissait de millions de livres sterling, d'intérêts entassés, composés, combinés, fractionnés pendant des années, des mois, des jours ; de parts d'associés, de tout ce que le génie commercial peut inventer de plus abstrus. Rester bouche béante devant la rapidité des énoncés faits sans le secours du moindre papier, et ne pas comprendre un mot des solutions non plus que des questions, ce fut tout ce dont je me trouvai capable, et je ne me vis jamais à pareille fête.

Les messieurs à barbe et à cravates blanches fronçaient les sourcils d'une manière terrible en combinant leurs opérations. Les jeunes demoiselles étaient rouges d'émotion, et leur cœur battait de la façon la plus visible. Tout ce monde brouillait et débrouillait avec furie des monceaux de chiffres, quand soudain le son aigu d'un violon se fit entendre. Aussitôt chacun fut sur ses pieds, et d'une voix infiniment moins juste que les calculs, attaqua un saint cantique. La promenade sacramentelle commença à pas solennels ; nous sortîmes, et je ne fus pas fâché de respirer l'air du dehors.

Il y aurait injustice manifeste à juger un pareil système d'instruction et d'éducation au point de vue d'idées qui y sont tout à fait étrangères. Il est incontestable qu'un homme du monde, un artiste, un philosophe européen, seront unanimes pour repousser des méthodes qui n'ont d'autre but que de tuer dans l'enfance et dans la jeunesse, toutes les facultés de l'âme et de l'esprit, inutiles à la vie mercantile, et de développer au contraire autant que possible les ressources de cette dernière. Mais en tâchant de choisir un terrain propre à l'impartialité, il reste encore très-difficile d'approuver ce genre d'éducation. Une société peut, à la rigueur, vivre sur une base uniquement religieuse, parce que de la religion dérive aisément ce qui est utile ou nécessaire, ou seulement profitable à une réunion d'hommes. Il n'en est pas de même de toute autre idée absolue. Un état purement militaire ne produirait qu'un camp ; une population uniquement marchande ne fera jamais que des courtiers de commerce, et point une nation. Heureusement pour la Nouvelle-Écosse, tous les enfants des maisons importantes vont étudier en Angleterre ou en Irlande, et calculent un peu moins bien que les élèves de l'École normale de Truro ; heureusement encore pour le gros de la bourgeoisie, cette école n'est pas ancienne et n'a pas eu le temps de répandre partout ses méthodes. On fera bien, sinon d'y renoncer, au moins de mitiger ce que celles-ci ont de trop exclusif, et il y aura certainement bénéfice pour les familles à ce que leurs petits enfants soient moins complétement hébétés, à ce que leurs adolescents sachent un peu plus d'histoire et de géographie, à ce que les jeunes demoiselles ne soient pas induites par l'ardeur de la rivalité et des triomphes publics, à user de tous leurs moyens d'action pour obtenir ces derniers. Il ne paraît pas bon qu'un maître d'école puisse soulever tant de passion et de convoitise dans ces cœurs, et dût la ménagère être exposée plus tard à commettre quelques erreurs d'addition en faisant ses comptes, il y aurait profit sans doute à ne pas poursuivre une perfection qu'elle ne saurait atteindre qu'au détriment de quelques vertus un peu plus nécessaires.

Il faut le dire encore pour être équitable. Les sentiments que j'exprime ici m'ont paru être ceux de beaucoup de personnes notables de la Nouvelle-Écosse, et principalement des catholiques. L'école de Truro est entre les mains de puritains sévères, et je lui préfère de beaucoup, au moins quant à l'éducation des filles, le Sacré-Cœur d'Halifax, où l'on retrouve purement et simplement les anciennes méthodes françaises, en un mot, ce que le Sacré-Cœur est dans tous les pays du monde. J'ai eu l'honneur d'être admis dans cette sainte maison, et il serait difficile, quand on y a pénétré une fois, de ne pas conserver toujours un vif et respectueux souvenir de cette atmosphère de pureté, de haute raison, de sagesse pratique qu'on y respire. On ne trouve là aucune trace ni de pédanterie ni d'exagération d'aucune espèce, et les jeunes filles qui en sortent, ne rapportent assurément dans leurs familles ni le mépris irréfléchi de leurs devoirs envers le monde, ni l'ignorance complète des choses qui ne tiennent pas à l'argent comptant.

Enfin, et pour tout dire, l'École normale de Truro n'est pas une invention très-édifiante, et comme en sa qualité d'institution moderne elle constitue un progrès, le mieux est de ne pas s'y arrêter et de passer à une autre innovation.

Il serait fâcheux de quitter Truro sur une impression pareille, car, encore une fois, c'est une jolie petite ville et qui semble faire de son mieux pour se développer, vivre et prospérer. Laissons donc son École normale et allons à son auberge où le déjeuner était préparé et nous attendait. Devant la porte, la malle-poste de Canso, qui transporte les lettres au Cap-Breton, était toute prête et allait partir. C'est une des plus curieuses antiquités qu'on puisse voir en fait de voitures, et je ne serais pas étonné d'apprendre un jour qu'elle a été placée dans un musée après avoir été reconnue comme l'ancienne propriété d'un des premiers gouverneurs de Louisbourg. Cette énorme machine, peinte en rouge, contient au moins dix places à l'intérieur. C'est évidemment le coche de nos aïeux. Quand elle fut chargée devant et derrière, elle présenta l'aspect d'une montagne, et l'on put douter un instant que les huit chevaux qui y étaient attelés réussiraient à la mettre en mouvement. Cependant c'étaient de belles et bonnes bêtes, et voilà encore un éloge qu'il faut donner aux colons anglais. On ne voit jamais chez eux de ces malheureux animaux mal soignés, brutalisés, mourant de faim, qui sont une honte pour nos campagnes et même nos grandes villes. Le moindre cheval de trait a le poil luisant et l'apparence convenable. Ainsi était l'attelage de Truro. Il fit un effort; tous les ais du coche crièrent, les roues se mirent en mouvement et la montagne, balançant caisses et malles de cuir, s'éloigna au grand trot. Alors, nous entrâmes dans l'auberge et la population se réunit dévotement sur la place pour considérer avec respect un hôtel dans lequel déjeunaient le général Williams et le gouverneur de la colonie.

Ce fut une belle matinée pour la gastronomie anglaise. L'hôte nous démontra glorieusement que si la science de la localité était un peu vaine, il n'en était pas de même de sa cuisine. Deux servantes irlandaises nous apportèrent triomphalement des quartiers monstrueux de bœuf rôti, flanqués de carrés énormes de mouton bouilli, accostés de jambons dont la grosseur n'était pas croyable, le tout garni de pyramides de pommes de terre. Ce repas, à grandes proportions, fut parfaitement accueilli ; car, par un concours de circonstances indignes de l'histoire, mais trop réelles, plusieurs des convives mouraient littéralement de faim, n'ayant pas mangé depuis la veille et il était deux heures de l'après-midi. Ces vivres à proportions exagérées rencontrèrent donc des adversaires dignes d'eux. Anglais et Français se portèrent avec une égale ardeur à en venir à bout et, en peu de temps, ce qu'il en resta ne valait pas la peine qu'on y prit garde.

Après ces exploits, il ne restait plus rien à faire à Truro ; nous regagnâmes le chemin de fer et quatre heures après, prenant congé de nos aimables hôtes, nous rentrions sur *le Gassendi*.

CHAPITRE VII.

La baie Saint-Georges.

Nos affaires à Halifax étant terminées, nous prîmes congé du lord gouverneur et des personnages éminents qui nous avaient accueillis et traités avec tant de bonne grâce. Par une belle matinée, nous levâmes l'ancre, sortîmes de la passe, et repri-

mes la haute mer, nous dirigeant vers la baie Saint-
Georges, sur la côte occidentale de l'ile de Terre-
Neuve. C'est ici le lieu de dire en peu de mots ce
que *le Gassendi* y allait faire.

Depuis 1832, une discussion, soulevée primitive-
ment par le gouvernement français, avait jeté quelques doutes sur nos droits et l'exercice de nos droits,
et la mesure juste de nos prérogatives quant à l'exploitation de la pêche dans ces parages.

Ainsi qu'il arrive d'ordinaire en ces matières, la
controverse n'avait rien éclairci et, au contraire,
beaucoup de points qui, antérieurement, n'avaient
jamais présenté la moindre difficulté devinrent graduellement assez nébuleux pour les deux partis. Le
gouvernement de l'Empereur, appréciant tout l'intérêt de la question pour notre marine et notre
commerce, avait depuis quelques années, essayé
de différents moyens. Cette fois, d'un commun accord, les deux Cabinets envoyaient sur les lieux
des commissaires pour observer les faits et rendre
compte de l'état des choses. C'était là la tâche que
nous avions à remplir et que désormais, tous préliminaires terminés, nous allions commencer à la
baie Saint-Georges où nos collègues anglais devaient se joindre à nous.

En vertu des traités qui ont suivi et confirmé
l'acte d'Utrecht de 1713, la France est en possession
exclusive du droit de pêcher le poisson et de le faire

sécher sur la partie des côtes de l'île de Terre-Neuve comprisé entre le cap Buonavista sur la côte est et le cap Raye sur la côte-ouest, en passant par le détroit de Belle-Isle au nord. Ce droit lui est également garanti sur les îles adjacentes. Nous ne pouvons hiverner dans ces parages et non plus y créer aucun établissement permanent. Nos habitations doivent y garder un caractère essentiellement temporaire. En revanche, les Anglais, de leur côté, ne sont pas autorisés à pêcher; c'est ce que nous prétendions d'une manière absolue; mais, eux, soutiennent qu'ils peuvent le faire là où ils ne nous gênent pas, accordant d'ailleurs que nous sommes les seuls juges du fait et que si nous nous déclarons lésés, rien ne les autorise à en appeler de notre arrêt. La question étant ainsi posée, nous allions voir la pêche sous une nouvelle forme, d'autres pêcheurs, d'autres établissements, d'autres intérêts, en un mot, un autre pays.

Les côtes de Terre-Neuve nous apparurent à quelque distance du point où nous allions les aborder, désolées et maussades. On conçoit parfaitement qu'aux yeux des marins qui viennent de ces parages, Sydney soit le paradis, et Halifax le septième ciel. Pour entrer dans la baie Saint-Georges, on longe quelque temps une langue de sable qui s'avance parallèlement à la terre, on en double la pointe et on pénètre dans un vaste bassin entouré de rives assez plates. A l'est s'élèvent des maisonnettes de bois en grand nombre et devant toutes celles qui avoisinent la mer une ligne de débarcadères chargés de tonneaux.

Plusieurs barques et une ou deux goëlettes étaient mouillées à quelque distance du rivage quand le *Gassendi* entra. C'était l'image parfaite de la tristesse la plus lugubre. Il ne pleuvait pas absolument, mais le brouillard distillait une humidité désagréable. Le ciel était bas et les nuées lourdes et languissantes semblaient avoir attendu l'arrivée du *Gassendi* pour s'appuyer sur ses mâts. Des flocons de vapeurs blanchâtres erraient le long de la côte, tantôt se fondaient les uns dans les autres, tantôt se séparaient. C'était à faire prendre la vie en dégoût, si on avait dû rester là à perpétuité.

Nous descendîmes à terre pour faire connaissance avec le village et passer le temps en attendant l'arrivée des Anglais : contrairement aux traités, la population presque toute irlandaise de Saint-Georges s'occupe uniquement de pêche et exploite notre avoir au nombre d'environ quinze cents habitants qui se sont graduellement emparés de cette place : au printemps, les harengs poursuivis dans la haute mer par des poissons plus gros qu'eux, viennent se réfugier en masse dans la baie, et les habitants de Saint-Georges n'ont que la peine de les y prendre. Ils les préparent, les salent, et c'est là leur fortune et leur unique moyen d'existence.

Il n'y a point d'agriculture, et il ne peut y en avoir. Le sable lutte avec les cailloux, les cailloux confinent à la tourbe. Beaucoup de sapins et des grandes herbes forment des taillis et des fourrés. Avec quelque peine, on réussit à obtenir des pommes de terre; mais en petite quantité. C'est le suprême effort de la puissance créatrice de ce sol.

Cependant les cabanes ont bon air. Elles sont remarquablement propres au dehors et au dedans, garnies de meubles d'une certaine élégance, fournies de bons poêles qui permettent de braver la rigueur des hivers interminables. Hommes, femmes et enfants sont vigoureux, bien portants, de bonne humeur, bien vêtus. Rien n'est plus singulier que de voir passer sur cette grève sauvage des dames et des jeunes demoiselles en chapeaux, tenant, lorsque le temps veut bien le permettre, une ombrelle à la main. Cette élégance jure avec l'aspect de la contrée et plus encore avec le genre de vie du beau sexe. Car ces dames sont des néréides. Elles tirent les barques à terre, vont prendre le poisson dans la baie avec leurs pères et leurs maris, le salent et l'encaquent de leurs propres mains. Tout cela ne les empêche pas d'avoir une tenue fort convenable, d'être pour la plupart très-agréables à regarder et de ne ressembler en aucune sorte à leurs émules du continent.

La presque totalité de la population de Saint-Georges étant irlandaise est, par ce fait même, catholique et fort zélée pour la religion. Une petite église en planches a été construite au milieu du village et est desservie par un prêtre qui relève de l'évêché de Saint-Jean.

Assurément, la religion est pour beaucoup dans la bonne attitude de ce peuple, dans la régularité extrême de ses mœurs, qui est réelle, et par suite dans sa bonne santé, mais ce qui y contribue peut-être davantage et d'une façon plus directe, c'est l'habitude et la nécessité d'un travail incessant et l'absence du numéraire. A Saint-Georges et sur toute la côte de Terre-Neuve la population irlandaise ne manque absolument de rien, sauf d'un sou dans sa poche et, en conséquence, le cabaret y est une institution inconnue.

Au printemps, on n'a ni assez de bras ni assez de temps pour prendre les harengs dans la baie, et, une fois pris, leur faire subir les préparations convenables. En été, les hommes vont pêcher au dehors. Une ou deux familles plus aisées qui possèdent des goëlettes, se rendent elles-mêmes à la Nouvelle-Écosse ou au Canada avec leur poisson et rapportent de ces lieux plus civilisés tout ce qui est nécessaire à la vie. En automne et en hiver, on coupe le bois pour le chauffage, on raccommode les maisons et les embarcations, on refait les filets, surtout on fabrique par centaines les tonneaux nécessaires à la conservation des harengs. Pas une minute dans l'année n'est libre d'un soin quelconque. Mais c'est toujours un soin dont chacun voit immédiatement l'utilité pressante et le résultat positif. Chacun travaille, mais profite directement et personnellement de son travail. Nul ne contraint son voisin, qui n'obéit à personne qu'à la nécessité, et tout le monde est affairé et content.

Ce sont de très-puissants personnages et en bien petit nombre que ceux qui peuvent aller vendre eux-mêmes le produit de leur travail au dehors. La presque totalité des pêcheurs est dans l'impossibilité d'en faire autant. Ils sont donc contraints de se mettre en rapport avec les marchands de Saint-Jean qui viennent chaque année les trouver et reçoivent le poisson en échange d'objets d'utilité. C'est ainsi que les planches, les meubles, la farine, l'eau-de-vie, les vêtements tout faits, même les rubans pour les femmes, les berceaux et les jouets pour les enfants entrent dans le pays. Une fois que le pêcheur a pris son poisson, comme il sait qu'il en retrouvera d'autre l'année prochaine, il le livre volontiers et en quantité plus qu'équivalente pour ce qui lui inspire quelque envie. Les traitants font donc, en réalité, un commerce usuraire. Ils le font d'autant plus que dans les mauvaises années ou lorsque les besoins du pêcheur sont trop grands, ils consentent volontiers à des avances, et de cette manière engagent à perpétuité ce petit monde dans un mode de trafic qui leur profite à eux surtout. Mais, en somme, si jamais le pêcheur de Saint-Georges ne fait fortune, ce qui serait un fait presque inouï, il n'est jamais non plus dans l'inquiétude de mourir de faim. L'Océan représente pour lui une nourrice qui lui donnera toujours, à défaut de pain, au moins du hareng et de la morue.

C'est une petite Arcadie que je viens de décrire. Arcadie fort sévère, sans doute, et où les poëtes font absolument défaut; Arcadie sans troupeaux, sans clochettes, sans bergers, sans pipeaux, mais qui a cependant l'essentiel : c'est-à-dire des mœurs simples et pures et une sorte de bonheur placide et monotone peut-être.... comme le bonheur. Peu d'événements marquent dans la vie des pêcheurs, et en général leur histoire est toujours la même.

Leurs pères, quelquefois eux-mêmes, sont venus de la verte Érin en un jour de détresse et quand la misère s'est trouvée si grande qu'elle ne pouvait plus s'accroître sans aboutir à la mort. Le souvenir qu'ils ont gardé de ce passé est terrible, et plus les années s'éloignent, plus la tradition l'exagère et l'assombrit. L'Irlande leur apparaît comme la plus malheureuse contrée du monde, martyre de sa foi, martyre de la haine que l'Angleterre porte injustement à la race qui l'habite. Le pêcheur conserve des récits de violences et de spoliations épouvantables qui ne sont probablement pas tous très-historiquement fondés, mais qui entretiennent en lui le mauvais vouloir le plus incontestable pour la nation britannique. Il les transmet à ses enfants avec cette sorte d'éloquence descriptive et saisissante commune à toutes les imaginations irlandaises, et il n'y a pas à douter que ces enfants, quand ils seront narrateurs à leur tour, ajouteront au fait devenu légende plus d'un trait auquel personne n'a encore songé jusqu'ici.

L'émigrant est donc sorti d'Irlande en secouant la poussière de ses pieds. Il s'est embarqué à bord d'un navire où l'espace, l'air, l'eau, la nourriture lui étaient, pour son pauvre argent, si parcimonieusement dispensés, que beaucoup de ses compagnons n'ont pas atteint la fin du voyage. Il ne manque pas d'accuser encore les Anglais de cette spéculation cruelle et a oublié ou ignoré que, la plupart du temps, il a été traité ainsi par ses propres compatriotes devenus de riches armateurs. Il ne sait pas, ou il oublie, et dans tous les cas il se ferait scrupule d'avouer que le gouvernement britannique s'est au contraire entremis depuis plusieurs années pour faire cesser cette monstrueuse spéculation et a voulu que les émigrants blancs ne fussent pas exposés par les trafiquants à un sort non moins dur et mortel que celui des esclaves de Guinée entassés sur les négriers. Une loi a été portée par le parlement pour ordonner que désormais tout navire transportant des émigrants devrait assurer à chacun d'eux tant de pieds cubes d'air, tant de pieds carrés d'espace pour lui et ses bagages et serait tenu à emporter en vivres et en eau, des provisions suffisantes pour que la cargaison humaine ne fût pas exposée à périr en route.

Mais encore une fois, le pêcheur irlandais ignore tout cela et s'indignerait d'y croire, tant il a peur de se prendre de goût pour les Anglais.

Arrivé au terme de sa navigation, il s'est trouvé jeté sur le pavé de quelque ville où la nécessité évidente de travailler pour ne pas mourir de faim, s'est clairement manifestée à lui. Soit qu'il trouvât le salaire insuffisant, ou plutôt que ses habitudes enracinées lui rendissent des efforts soutenus insupportables, il n'a pas tardé à se trouver à peu près aussi malheureux sur la terre américaine qu'il l'était dans sa patrie. Il a entendu alors parler des pêcheries et de la baie Saint-Georges. Il a fait son paquet qui n'était pas lourd, il est venu et, par un bonheur inouï, il a enfin rencontré sa véritable vocation ; un genre de labeur qui parle à l'imagination, rien qui exige une assiduité mécanique, et surtout l'absence heureuse des séductions alcooliques auxquelles il ne sait pas résister.

Je disais tout à l'heure, qu'il n'existe pas de poëtes à la baie Saint-Georges. Non; mais la poésie ne manque pas à cette existence, et c'est pourquoi les Irlandais, race essentiellement conduite par la mobilité des impressions, s'accommodent si parfaitement de ce milieu, et incontestablement s'y améliorent, ce qui est la meilleure preuve qu'il est fait pour eux. Car si nul événement ne vient jamais à terre troubler l'enchaînement régulier de la vie, il n'en est pas tout à fait de même lorsque les gens sont en mer. Là, ils entrent en lutte avec les éléments et courent tous les hasards d'un aussi rude combat. Le résultat de leurs efforts n'est pas toujours le même. C'est une sorte de jeu où les chances aléatoires abondent. Aujourd'hui le pêcheur est rentré avec une pêche miraculeuse remplissant jusqu'au bord son embarcation, et femme, enfants, l'ont reçu comme un triomphateur, en poussant des cris de joie. Mais demain, il va repartir et peut-être il restera huit jours absent, pour ne rien trouver et ne rien saisir.

Alors, il devient admirable d'obstination et de fermeté. Positivement, il est emporté par l'espoir, par la franche passion du jeu. A chaque fois qu'il retire sa ligne où le poisson n'a pas mordu, il est désespéré. Mais, au moment où il la laisse de nouveau tomber et filer sur le bord de son bateau, l'attente le reprend et l'enivre.

Au milieu de ces alternatives rapides de déception et de confiance, il ne s'aperçoit pas de la marche du temps. Il n'a que pour deux jours de vivres et en voilà trois qu'il est parti. Il s'est juré à lui-même de ne pas revenir à vide. Il restera une semaine s'il le faut, et il se nourrit d'un peu de poisson cru, car il est mouillé jusqu'aux os et il ne saurait où allumer du feu. Voilà la vie que mènent les pêcheurs de Saint-Jean.

Pour achever le tableau, il est nécessaire d'ajouter que la seule autorité qu'ils connaissent, c'est le curé, et eux-mêmes le payent et lui donnent sa rente en poisson. Ils n'ont pas d'autre monnaie. A la vérité, depuis peu de temps, un homme parmi eux se prétend magistrat ; mais personne n'a besoin de lui, personne ne lui obéit et il ne réclame l'obéissance de qui que ce soit, car tout le monde sait là et lui-même aussi bien que chacun, l'impossibilité où il serait de montrer un titre régulier qu'aucune autorité ne pourrait lui délivrer. La raison en est simple. C'est que le village de Saint-Georges est situé sur la côte française ; que son existence est complétement illégale et contraire au texte positif des traités ; que les pêcheurs anglais ou sujets anglais ne doivent pas s'établir là où la seule puissance régulière est celle du commandant en chef de la station navale française et de ses officiers. Mais comme cette puissance ne peut naturellement s'exercer sur des sujets anglais que pour leur faire quitter les lieux et que jusqu'à présent elle a toléré leur présence, il en résulte que ces honnêtes Irlandais vivent absolument sans maîtres, sans magistrats, sans constables ni gendarmes, en un mot sans loi, mais je me garderai bien de dire sans foi, car ce sont les plus honnêtes gens du monde.

Je ne suis pas fâché d'avoir vu une fois dans ma vie, une sorte de pays d'Utopie où quelques-uns des rêves des philosophes se sont réalisés et je l'ai vu, non-seulement à Saint-Georges, mais sur toute l'étendue de la côte française, comme on s'en apercevra à mesure qu'on avancera dans cette relation. Seulement, je remarque qu'il a fallu pour établir cet état de choses si singulier, précisément le contraire de ce que les inventeurs de cités ou de républiques idéales ont été imaginer et réunir de combinaisons propres, suivant eux, à rendre l'espèce humaine douce, bonne, maniable et sociable, et susceptible de se passer du frein des lois. Saint-Georges et autres lieux de Terre-Neuve ne sont ni une Salente ni une ville de Campanella. Je n'y vois pas trop l'emplacement d'une abbaye de Thélème. Un climat sauvage et odieux, un paysage rébarbatif, le choix entre la misère et un dur et dangereux labeur, pas de distractions, pas de plaisirs, pas d'argent, la fortune et l'ambition également impossibles, et pour toute perspective riante, une sorte de bien-être domestique de l'espèce la plus rude et la plus simple; voilà, à ce qu'il semblerait, ce qui réussit le mieux à rendre les hommes habiles à user de la liberté absolue sans excès et à se tolérer entre eux. Je ne sais pas si les disciples de Fourier et de Saint-Simon voudraient de l'indépendance et de la vertu à ce prix. Ce qui est certain, c'est que les Irlandais de Saint-Georges s'en contentent et méritent, en conséquence, beaucoup d'estime.

La présence du *Gassendi* mouillé au milieu de la baie ne troublait pas beaucoup les honnêtes pêcheurs. Ils n'ont guère le temps de s'inquiéter de ce qui ne les regarde pas, et bien qu'ils sussent parfaitement ce que nous venions faire, ils ne s'en préoccupaient pas outre mesure. Le pire qui pouvait leur arriver était d'être renvoyés de leur village, et quelque singulier que puisse paraître ce que j'avance, ils n'en prenaient guère souci. En voici les raisons :

Depuis de longues années, les seuls bâtiments de guerre qui se montrent sur cette côte sont les navires français. Il est plus que rare d'y voir apparaître le pavillon de la reine. Tous les étés nos officiers viennent à Saint-Georges ou dans les environs. Ils y sont parfaitement connus. Les pêcheurs leur parlent, les consultent, en reçoivent des marques de bienveillance, ils n'en ont aucune espèce de crainte et jamais n'ont imaginé qu'il pût leur venir de cette part le moindre dommage. D'autant plus, et ils le savent très-bien, qu'ils n'ont aucun droit à faire ce qu'ils font ni à vivre où ils sont ; ils savent que le poisson qu'ils prennent est à nous et jamais nous n'avons rien dit. Une seule fois, dans ces dernières années, on a dû les menacer de les faire partir. Cette dureté plus apparente que réelle et déterminée par des motifs graves qui venaient d'ailleurs, ne les a pas effrayés. Leur raisonnement a été celui-ci : au cas où les Français voudraient rentrer dans leur bien, ils ne nous violenteraient pas. Ils sont catholiques comme nous; jamais ils ne nous ont fait le moindre mal. Ce ne seraient ni le commandant du *Sésostris*, ni le commandant du *Ténare*, nos vieux amis de vingt ans qui se montreraient jamais ni durs ni impitoyables. Quand il faudra s'en aller, si jamais il le faut, les Français nous donneront du temps pour nous décider, nous transporteront gratis avec nos meubles soit au Labrador, soit sur quelque autre point des côtes britanniques. Il y a du poisson partout et peut-être encore y gagnerons-nous quelque chose.

Telle était la manière d'argumenter des braves gens de Saint-Georges, et elle n'était pas déraisonnable. Leur prétendu magistrat, il est vrai, ne voyait pas les choses absolument du même œil. Il aurait eu quelque intérêt à donner à son titre fictif un peu plus de réalité et n'eût pas dédaigné de se couvrir de gloire en augmentant les possessions de la Grande-Bretagne. Il rêvait donc de nous enlever Saint-Georges pour en faire don à la couronne britannique. Tant il est vrai qu'il existe des ambitieux et des brouillons même au milieu des existences les plus simples. Qu'on s'imagine ce conspirateur promenant dans sa tête ses vastes projets sur la grève désolée de son futur domaine. Au lieu de se borner à vendre sa farine et ses pantalons le plus cher possible, car c'était un trafiquant, nourrissant des conceptions de la plus haute envergure et imaginant des combinaisons pour humilier la puissance française! Mais, encore une fois, il était seul de son espèce et l'avenir lui présentait peu de chances de succès. Je ne sais s'il se sera consolé de ses espérances déçues ou s'il aura été porter ailleurs sa vocation pour régir les peuples. Ce qui est certain, c'est que cette individualité isolée ne laissait pas que de présenter un contraste assez curieux avec l'insouciance naïve et la confiance enfantine des pêcheurs.

Après deux jours d'attente, nous vîmes apparaître au large un point noir qui, en grandissant, se transforma en un nuage de fumée, et peu à peu on reconnut un gros navire à vapeur. Nous le suivions des yeux dans l'espérance que c'était celui qui devait nous amener les commissaires anglais. Cette espérance ne fut pas trompée, et bientôt le *Tartare*, belle frégate de vingt canons, doubla la pointe et vint mouiller à quelque distance de nous.

Il est difficile de voir un plus beau navire. Les Russes l'avaient commandé en Angleterre avec une autre frégate. Les deux sœurs portaient des noms analogues, puisque celle-ci s'appelant *le Tartare*, l'autre avait reçu le nom de *Cosaque*. Au moment où éclata la guerre de Crimée, les bâtiments, construits par les ingénieurs les plus en renom, étaient achevés, venaient d'être payés et allaient être livrés, quand le gouvernement britannique les déclara de bonne prise et s'en accommoda. Il a eu tout lieu d'en être satisfait, car les constructeurs n'avaient rien épargné pour faire deux chefs-d'œuvre. Il semblerait qu'une voix secrète les eût avertis d'avance qu'ils ne travaillaient pas pour un intérêt étranger. Les Anglais ont vraiment gardé quelque chose du génie conquérant des rois de mer danois, car ils ont un goût prononcé pour toutes les variétés de conquête; aussi, afin de ne pas laisser perdre la tradition de celle-ci, ont-ils pris soin de conserver sur les embarcations du *Tartare*, vrais bijoux, les aigles russes.

Les relations se nouèrent immédiatement entre nous et nos collègues, M. le capitaine de vaisseau D..., aujourd'hui commodore, et l'honorable

M. K..., secrétaire colonial de Terre-Neuve, emploi qui représente dans les établissements anglais ce qu'est ailleurs, sur des terrains plus vastes, le chef du ministère.

Nous eûmes lieu tout d'abord de remarquer le bon esprit et les dispositions sincèrement amicales et conciliantes que les deux commissaires britanniques apportaient à l'accomplissement de l'œuvre commune, et dès le premier moment une entente complète s'établit entre les deux camps qui, en réalité, n'en firent qu'un. Ce fut un grand et vif plaisir de pressentir ainsi qu'aucun froissement, aucune prétention mesquine ne viendrait, d'une ou d'autre part, compliquer nos efforts pour connaître la vérité, et que, si nous avions devant nous une perspective de plusieurs mois employés à un travail un peu fastidieux, nous étions assurés de pouvoir y procéder constamment avec une confiance mutuelle bien méritée, et le sentiment d'une bienveillance et d'une estime réciproques.

Ce fut sous ces excellents augures, que l'enquête commença et, comme je ne prétends pas ici en écrire l'histoire, je me bornerai à en dire ce qui peut avoir, pour le lecteur, un intérêt général.

Les Anglais sont grands amateurs d'enquêtes et en ont fait un moyen d'administration et de gouvernement. Sans prétendre nier ce qu'il peut y avoir d'utile dans cette façon d'étudier les affaires, on peut avouer qu'elle ne mérite pas une faveur sans réserve. Il en est de cette méthode d'informations comme des chiffres. Elles fournit à la discussion des intérêts, des bases assez solides, sans doute, à la condition toutefois que les faits qu'elle enregistre seront bien réels, seront bien tels qu'elle les présente et n'auront pas été défigurés soit par la mauvaise foi, soit par la prévention et l'ignorance. Ce sont là des certitudes très-difficiles à acquérir et encore plus difficiles à démontrer. Celui qui reçoit les dépositions peut être impartial, bien qu'il ne le soit assurément pas toujours et que trop souvent il existe en lui un plus grand désir d'avoir raison que de trouver la vérité. Mais il est incontestable surtout que dans la série des témoins interrogés, les uns ne comprennent pas bien et répondent de travers, les autres se font une idée fausse du but que l'on poursuit et y accommodent leurs paroles croyant bien faire ; enfin, il en est, je veux bien en croire le nombre plus petit qu'il n'est réellement, qui se croient très-fins et mentent sciemment et de tout leur cœur. Je n'aperçois donc pas très-bien comment les Anglais, gens pratiques, ont pu consentir à donner aux résultats des enquêtes le nom ambitieux d'*évidences*. Il n'y a rien de moins évident au monde, en thèse générale, que la masse confuse de réponses fournies par de pareils interrogatoires. Il nous est arrivé plus d'une fois d'avoir peine, tous quatre que nous étions, à tenir notre sérieux devant des dépositions qui contenaient à la fois l'affirmative et la négative, suivant que le personnage questionné croyait mieux faire, dans le cours de la même séance, de soutenir intrépidement l'une ou l'autre. Les enquêtes pourraient bien n'être qu'une de ces fictions dont s'amuse ce qu'on appelle l'opinion publique.

CHAPITRE VIII.

Codroy et l'île Rouge.

Après quelques jours passés à Saint-Georges, nous partîmes pour Codroy situé un peu au sud et où nous nous proposions de passer une matinée à observer, sous une nouvelle face, la question confiée à notre examen.

Tandis que Saint-Georges est un village tout anglais où jamais les pêcheurs français ne se montrent, Codroy peut passer à la rigueur pour une fondation mixte; mais quel triste rôle y jouent nos hommes!

Sur un petit îlot de quelques pas d'étendue qui

semble échoué sur la côte, quelques misérables cabanes sont éparses et c'est là dans la boue et la malpropreté que sont établis une douzaine de nos gens. Les pauvres diables, très-timides, étaient fort préoccupés de la crainte qu'on ne les accusât de tourmenter leurs voisins anglais et protestaient de toutes leurs forces, sans qu'on le leur demandât, de leurs dispositions pacifiques. Loin d'être des agresseurs ils se prétendaient au contraire molestés, et quand on en vint aux faits, on ne put découvrir que le détournement de quelques barriques et d'un cageot, sorte de machine en bois où l'on fabrique l'huile de foie de morue. Ce n'était de quoi pendre personne. En réalité, ils avaient des plaintes plus considérables à élever. Mais à peine osaient-ils les dire car ils n'avaient qu'une idée fort sommaire, très-vague et très-incomplète de la nature de leurs droits, et comme chaque année les officiers de la station leur recommandent de vivre en paix avec leurs voisins et d'éviter les rixes, ils se le tiennent pour dit, se font aussi petits que possible et ne revendiquent rien sur ce sol qu'eux seuls, en définitive, devraient occuper.

Au delà du petit bras de mer qui isole la triste résidence de nos compatriotes, et sur la grande île même, nous entrâmes dans le village de Codroy, habité par deux ou trois cents pêcheurs. Nous y retrouvâmes la même apparence propre et décente dans les habitations, le même air d'aisance chez les hommes et chez les femmes, la même solidité d'esprit chez tout le monde qu'à Saint-Georges, enfin une opposition un peu triste avec ce qu'on voyait en face chez nos Français. Cette population intruse est plus riche que celle de Saint-Georges. Le sol moins stérile, possède d'assez beaux pâturages où des troupeaux de vaches errent sur la croupe des montagnes.

Cette richesse comparative a porté ses fruits. L'habitant de Codroy est plus fier, plus entreprenant, plus envahissant que celui du village voisin. Il souffre avec impatience le voisinage de nos nationaux. Il voudrait les expulser tout à fait. Il leur a enlevé de fait les places de pêche situées dans la proximité du rivage et les contraint ainsi ou à affronter des querelles que l'avantage du nombre terminerait de toute évidence en sa faveur, ou à chercher fortune à plusieurs milles en mer, ce qui est à la fois plus fatigant, plus dispendieux et beaucoup plus chanceux. Cette situation, ces habitudes d'empiétement donnent à l'attitude des gens de Codroy une apparence agressive. De sorte que la richesse et la bonne fortune paraissent bien décidément contraires à la perfection humaine, du moins sur les rivages de Terre-Neuve. On en pouvait mieux juger encore en comparant le tribun de Codroy à son confrère de Saint-Georges. Car il se trouva que le nouvel établissement possédait aussi un fougueux personnage de cette espèce, auprès duquel l'autre n'était au fond qu'un modeste rêveur.

Celui-ci, petit bossu fort alerte, doué d'une physionomie très-mobile, ne possédait qu'assez imparfaitement l'art de lire et surtout d'écrire. Mais il était néanmoins quelque chose comme maître d'école de ce lieu où les savants n'abondaient pas, et comme il importait à sa réputation de se maintenir en renommée de grand penseur et de discoureur éloquent, on voyait sortir de la poche de côté de son habit noir un gros paquet de journaux, à l'autorité desquels il était toujours disposé à faire appel et il parlait haut, fort et beaucoup, en entrelaçant dans ses périodes quelques métaphores qui, suivant l'expression du poëte, s'étaient levées matin.

Cet homme impressionnable et agité semblait jouir d'une assez haute confiance auprès de ses compatriotes qui l'entouraient lorsque nous parûmes, et auxquels il cherchait à inculquer l'enthousiasme qui le possédait lui-même. Ses idées me parurent simples. Il voulait naturellement chasser les Français, mais ce n'était pas assez; il entendait bien faire comprendre au gouvernement britannique comment il fallait s'y prendre pour accomplir radicalement cette grande œuvre et, si le susdit gouvernement ne se montrait pas suffisamment empressé et fidèle à son devoir, eh bien! Terre-Neuve était un pays libre et on en appellerait aux Américains.

Je dois dire pourtant que lorsque ce terrible personnage fut séparé de son public et se trouva en tête-à-tête avec les commissaires anglais et nous, il devint plus raisonnable. Il accepta même avec une douceur angélique les remontrances un peu sévères de ses supérieurs qui l'engagèrent à se montrer plus réservé et plus modeste, et dans une attitude de martyr miraculeusement échappé à la dent des lions, il regagna un groupe de ses partisans qui avaient assisté de loin à la semonce. Je ne sais pas au juste comment on se représente sur cette côte la personne de la Divinité. Mais ce qui est incontestable, c'est que l'uniforme de la marine y apparaît comme la plus haute expression du rang et de la puissance, et les plus grands monarques de la terre, dans l'idée des pêcheurs des deux nations, ne sont guère que des capitaines de vaisseau renforcés, qu'ils ne distinguent pas très-bien de ce qu'ils on entendu dire aux rares et heureux mortels auxquels il a été donné d'apercevoir de loin un amiral. La façon nette et précise avec laquelle le capitaine D.... recommanda la concorde et la paix produisit donc une impression très-forte, et je ne doute pas que le vaillant maître d'école n'ait gémi pendant bien des jours, à la suite de cette mémorable entrevue, sur ses plans déçus et sur l'ingratitude des conseillers de la reine à son égard.

Notre visite ainsi terminée, *le Tartare* et *le Gassendi* se remirent en route pour le nord. En quelques heures nous arrivâmes en vue de l'île Rouge où nous allions visiter un établissement parfaitement régulier et légal, car il est purement français.

L'île Rouge est une espèce de cône élevé qui fait face à la Grande-Terre. Entre ses rives étroites et celles de cette dernière, une multitude de petits bateaux montés chacun par deux hommes étaient occupés à pêcher la morue. On les voyait par un rayon de soleil qui, en ce moment, perçait les nuages et égayait cette scène d'activité, debout dans les embarcations et faisant l'un filer une ligne, tandis que l'autre relevait celle qui avait déjà dormi quelque temps dans l'eau. Le poisson pris s'accumulait dans le fond de chaque barque. Des goëlettes circulaient au milieu de cette animation, et à notre vue hissèrent les couleurs françaises. Nous débarquâmes dans l'île Rouge.

Au pied du cône une rangée de cabanes de branchages qui ne contiennent que des cadres et des hamacs sert de dortoirs aux pêcheurs. C'est plus que modeste, c'est très-misérable, et on conçoit mal comment dans un pareil climat, sous un ciel toujours pluvieux ou brumeux et dont l'humidité est souvent glaciale, on peut se contenter sans inconvénient pour la santé d'un genre d'abri aussi sommaire. Il paraît cependant prouvé par l'expérience qu'il n'en résulte aucun dommage, et que les équipages de pêche jouissent de la plus florissante santé. Toujours à l'air, toujours activement occupés, les hommes n'ont pas le temps de prendre de l'ennui, leur sang circule activement, et ils ne sont pas sujets aux rhumes dont l'apparition, contrairement à ce qu'on devrait supposer, est fort rare dans ces parages. On est toujours plus ou moins mouillé, et on ne s'en trouve pas plus mal. Il est des grâces d'état.

La grève était couverte, de manière à flatter aussi peu la vue que l'odorat, d'une couche de débris sanglants de morues; têtes et entrailles chargeaient le galet aussi abondantes que le sont ailleurs les plantes marines rejetées par la vague. A quelques pas s'élevait la paroi presque droite du cône. L'établissement proprement dit est au sommet. On a construit en planches un escalier roide comme une échelle, accosté à droite et à gauche par des rails en bois sur lesquels montent et descendent, avec l'aide d'un cabestan placé au sommet du mont, tous les fardeaux qu'on veut faire circuler.

Après avoir escaladé un bon nombre de marches, nous nous trouvâmes au milieu des magasins, tous construits en planches, de l'habitation du gérant, de celle du docteur, enfin dans le centre d'une exploitation intelligente et bien réussie. L'établissement de l'île Rouge est un de ceux qui, sur la côte occidentale, donne le plus constamment les meilleurs produits et mérite le plus d'intérêt. Nous nous trouvions là au milieu d'une variété nouvelle de la gent pêcheur dont la nature et les conditions d'existence sont toutes différentes de celles que nous avions pu observer jusqu'alors, soit pêcheurs sédentaires de Saint-Pierre et Miquelon, soit pêcheurs des bancs, soit pêcheurs anglais indûment établis chez nous.

Les maisons de commerce français qui se livrent à l'exploitation de la côte occidentale de Terre-Neuve appartiennent surtout aux ports de Granville et de Saint-Brieuc. Elles composent de deux éléments très-distincts les équipages de leurs navires. La minorité des hommes se recrute parmi les marins, les pêcheurs proprement dits; c'est l'aristocratie du bord. Puis on y ajoute un nombre plus grand de travailleurs qui portent le nom significatif de *graviers*. Ces gens ne sont à la mer que des passagers. On les entasse en aussi grand nombre qu'il est utile de le faire dans tous les coins du navire. Ils ne sont pas difficiles et se contentent de peu. Arrivés sur la côte, on les débarque; pendant toute la campagne ils ne naviguent plus, et leurs fonctions se bornent à recevoir le poisson que les pêcheurs leur apportent, à le décoller, à l'ouvrir, à mettre à part les foies pour en extraire l'huile, à étendre les chairs entre des couches de sel, enfin à les soumettre aux différentes phases du desséchage sur les *graves*. Comptés comme hommes de mer, et inscrits en cette qualité sur les rôles de l'inscription maritime, ils ne le sont pas en réalité, ou ne le sont que d'une manière imparfaite. Cependant le goût des habitudes au milieu desquelles ils vivent, se développe quelquefois chez plusieurs d'entre eux, et ceux-là cessent d'être graviers pour devenir matelots. Mais la plupart ne s'élèvent jamais au-dessus de leur humble métier. Ce sont de pauvres gens très-dignes d'intérêt, qui gagnent fort peu de chose, passent six mois de l'année dans cette rude campagne à ne manger guère autre chose que de la soupe de morue, se portant à merveille, à la vérité, et rentrant en France à l'automne pour devenir jusqu'au printemps des journaliers malaisés qui s'emploient volontiers à tous les genres de travaux que la fortune leur adresse.

Il y a lieu de croire que l'Océan se tient engagé d'honneur à maltraiter ceux qui le hantent. Si les pêcheurs du grand Banc mènent l'existence rude et peu attrayante décrite plus haut, ceux des côtes ne sont pas plus chanceux. Ils courent peut-être moins de risques, bien que leur vie ne soit pas exempte de crise ; mais ce point est commun entre eux et leurs audacieux confrères qu'ils n'ont qu'un très-mince salaire, et point de perspective de se créer jamais un avenir agréable et heureux.

A leur sens et pour entrer dans leur manière de voir, ils sont dédommagés d'une partie de leur peine, par la bonne opinion qu'ils ont d'eux-mêmes et l'insouciance que leur inspire une vie de hasards et d'aventures. Le gravier n'a rien de semblable. C'est un paria. Il ne représente quelque chose aux yeux de personne. Le moindre matelot devient près de lui un personnage qui le prime. S'il doit se noyer, c'est très-obscurément et il n'a pas l'honneur consolant d'en être un peu responsable. Ce sont les autres qui, en sombrant, l'entraînent à leur suite. Il cherche misérablement sa vie et à grand'peine il trouve de quoi la soutenir. Enfin, il passe la plus grande partie de son temps et de ses journées dans les chauffauts, rude commencement de purgatoire.

Un *chauffaut*, expression normande qui répond au mot *échafaud*, est une grande cabane sur pilotis établie moitié dans l'eau, moitié à terre ; construite en planches et en rondins on a cherché à ce que l'air pût y circuler aisément. Quelques grandes toiles de navires la recouvrent.

Une partie du plancher, celle qui est au-dessus de l'eau, notamment, est à claire-voie ; et dans cette partie sont rangés des espèces d'établis où l'on décolle la morue. Rien ne peut donner une idée de l'odeur infecte du chauffaut. C'est le charnier le plus horrible à voir. Une atmosphère chargée de vapeurs ammoniacales y règne constamment. Les débris de poisson à moitié pourris ou en décomposition complète accumulés dans l'eau, finissent par gagner l'intérieur du lieu et comme les graviers ne sont pas gens délicats, ils ne songent guère à se débarrasser de ces horribles immondices.

Ils sont là, le couteau à la main, dépeçant leurs cadavres, tranchant les chairs, arrachant les intestins, déchirant les vertèbres, et prenant soin de ne pas se piquer eux-mêmes; car c'est le plus réel danger qu'ils aient à courir. La moindre lésion de leur épiderme suffit pour donner entrée dans le sang au virus dans lequel ils se plongent toute la journée et pour empoisonner leurs veines. Les maux d'aventure sont fréquents parmi eux et entraînent de graves conséquences qui aboutissent quelquefois à la nécessité de l'amputation. Mais ceci mis à part et l'habitude contractée, le gravier vit sans le moindre dommage pour sa santé, ni même pour son bien-être au milieu d'une odeur propre à asphyxier les gens qui n'y sont pas faits de longue main.

Puisque j'en suis sur ce genre de description, je

ferai aussi bien de l'épuiser tout d'un coup en parlant des cageots.

Un cageot est une installation en planches qui peut avoir deux à trois mètres de côté et la forme d'un cône renversé. Le fond est à claire-voie et domine une large cuve enfoncée dans la terre. On monte au cageot par un sentier tournant. C'est là qu'on verse les foies de morue afin de les faire fermenter. L'huile découle par la claire-voie dans la cuve où on la recueille ensuite afin de l'enfermer dans des barils. Pour un esprit observateur il y a lieu de se demander ce qui est le plus repoussant de l'aspect du chauffaut ou de celui du cageot. Je laisse la solution de ce point à de plus habiles, et me sens heureux de pouvoir désormais éloigner précipitamment jusqu'à ma pensée de l'un aussi bien que de l'autre.

Jusqu'à ces dernières années, la manière dont nos gens s'y prenaient pour saler la morue donnait lieu à des critiques universelles ; bien que dans plusieurs pays on la préférât pour certains motifs et surtout à cause de son bon marché à la morue anglaise, il est certain toutefois qu'elle était préparée avec moins de soins, qu'on y prodiguait trop le sel et qu'elle se conservait moins bien. Ce qu'on ne sait pas en général, c'est qu'au dix-septième siècle et un peu plus tard, la façon appelée aujourd'hui *anglaise* était la nôtre. Nos concurrents usaient de celle que nous avons depuis adoptée pour aller plus vite.

Mais, parmi nos capitaines, il se trouve des gens actifs et de bon sens qui commencent, non pas à imiter les Anglais, mais à revenir à nos anciens us. Au lieu de couvrir au hasard le poisson de pelletées de sel, ils exigent de leurs hommes que ce préservatif soit appliqué en plus petite quantité et avec plus de soin, principalement le long de l'épine dorsale. Ils soumettent le poisson à une dessiccation plus longue; ils l'emballent dans des caisses plus petites, où à l'aide de presses ils en font entrer davantage, et ils obtiennent ainsi des résultats que l'expérience des dernières années a fait reconnaître très-supérieurs à ceux que l'on avait atteints jusqu'ici.

Il est très-désirable, dans l'intérêt français, que ce retour aux bonnes méthodes continue, et que de pareilles habitudes s'étendent.

Tout établissement de pêche, à l'île Rouge comme ailleurs, a surtout besoin, outre les chauffauts et les cageots, de ce qu'on appelle les *graves*, puisque c'est là qu'on sèche le poisson. Sans les *graves*, il n'y aurait point d'exploitation possible, et c'est pour ce motif que nous jouissons du droit d'occuper la côte pendant la saison de la pêche.

Les *graves* n'étaient dans l'origine que les grèves même, dont le nom est ici prononcé à la normande.

Les pêcheurs étendaient leurs captures sur les galets et n'en savaient pas plus long. Avec le temps, on a perfectionné et l'opération et les moyens de l'accomplir, de sorte que, ne se contentant plus de ce que pouvait offrir la nature, on construit maintenant en pierres et dans tous les lieux bien découverts, particulièrement exposés à l'action du soleil et surtout du vent, des *graves* artificielles. Le soleil dit-on, ne sèche pas, il brûle ; le vent au contraire, remplit merveilleusement l'office, et afin d'évite l'un et de favoriser l'autre, on a aussi inventé ce qui s'appelle des *vigneaux*. Ce sont de longues tables de branchages mobiles que l'on peut incliner dans tous les sens, suivant que l'on veut soumettre directement la morue à l'influence du vent ou la soustraire à celle des rayons solaires, ce qui, du reste, est rarement redoutable.

Et voilà la moisson de Terre-Neuve. Qu'on se figure des côtes stériles, un ciel gris, la campagne couverte de séries de vigneaux et de graves de pierres ou même de bois sur lesquels s'étalent et se racornissent à mesure qu'elles sèchent des milliers de morues. Çà et là, de vastes meules de poissons attendent un arrangement symétrique et le moment d'être mises en caisses ou en tonneaux. Cette opération terminée, il ne reste plus qu'à tout expédier sur les pays catholiques de l'ancien et du nouveau monde,.

sur les pays à nègres, principalement, où s'en fait la plus grande consommation.

Je n'ai pas dû peindre un établissement de pêche sous des couleurs bien séduisantes, parce que la vérité s'y oppose complétement, mais il ne s'agit là que du côté matériel des choses et on ne verrait pas la réalité telle qu'elle est si on ne considérait aussi la question d'une autre manière.

Il y a un charme très-positif à considérer ces petites sociétés d'hommes laborieux que chaque printemps voit revenir sur la côte toujours à peu près les mêmes. Le gravier, le pêcheur, le capitaine, le docteur sont des physionomies curieuses à observer et qui ne manquent assurément ni d'originalité ni de puissance. La patience de l'un dans sa misère, l'activité insouciante de l'autre, les nuances infinies de caractère, d'intelligence, de sagacité, quelquefois, malheureusement, d'ineptie que l'on remarque chez le troisième, le rôle un peu trop élevé, rarement bien rempli que devrait jouer le quatrième, présentent une suite d'observations extrêmement curieuses. L'existence n'est ni vide, ni fastidieuse, ni accessible à l'ennui au milieu d'intérêts très-présents. Les plaisirs sociaux n'existent pas et ne sont pas trop regrettés. Tout au plus, le soir, le capitaine et le docteur, en fumant leur pipe, trouvent-ils un vieux jeu de cartes pour faire leur partie; tout au plus quelques livres égarés dans la malle du dernier apportent-ils sur ces plages comme un parfum de belle littérature. Je me souviens d'avoir vu, à l'île Rouge, dans la cabane du jeune docteur, entre un fusil de chasse et un flacon de pharmacie, deux ou trois volumes parmi lesquels se trouvaient les poésies d'Alfred de Musset.

Mais chacun a l'imagination fortement tendue vers le résultat de la pêche du jour, et la fin probable des efforts de la campagne; on compare les chances existantes à celles des années antérieures. Les souvenirs sont inépuisables sur ce chapitre; les anecdotes pour être tout à fait techniques n'en sont pas moins pleines d'intérêt au sens de ceux qui les rapportent comme de ceux qui savent comprendre. Une barque qui passe apporte des nouvelles des autres établissements. On sait quel navire est dans le voisinage à dix lieues à la ronde et ce qu'il vient y faire. Enfin, on attend surtout le passage des bâtiments de la division navale, et le moment où le commandant en chef entre dans la cabane d'un capitaine est un grand moment. On ne manque pas dans une circonstance aussi solennelle d'offrir avec empressement ce qu'on a de meilleur. Pauvres gens! Ils ne sont pas gâtés. Quand ils possèdent quelques bouteilles de cidre de Normandie, ils se considèrent comme des Sardanapales.

En somme, et la meilleure preuve à donner que cette existence en vaut bien une autre, c'est la profonde indifférence où tout ce monde vit pour les nouvelles d'Europe. A part les lettres de l'armateur qui ont un rapport direct avec la situation, on ne se soucie de rien savoir des grands événements du globe, on n'en demande rien et quand on en entend quelque chose, on en parle avec le même détachement que s'il s'agissait du Japon. Ce qui intéresse véritablement à l'île Rouge, ce sont les nouvelles de la *Tête à la Vache* ou de *Port-à-Port*, et réciproquement.

CHAPITRE IX.

La baie des Iles.

Du sommet du cône de l'île Rouge la vue est admirable. On plane sur une immense étendue de mers et sur les grands bois de Terre-Neuve. Le soleil se couchait dans les eaux rougies du golfe Saint-Laurent quand nous prîmes congé des pêcheurs et regagnâmes, les uns *le Tartare*, les autres *le Gassendi*. Nous fîmes voile alors pour la baie des îles.

Comme son nom l'indique assez, cette baie, largement ouverte, étendue et profonde, est semée de beaucoup d'îlots. Ici la nature change d'aspect et prend une grandeur que je ne lui avais pas encore vue dans ces parages. Tous les îlots sont des montagnes fièrement dressées en face de la Grande-Terre qui relevée elle-même, en falaises orgueilleuses, couverte de bois épais, assombrie par la verdure des sapins, montre un amas d'escarpements et de croupes, de rochers surplombants et de pentes rapides qui remplissent l'âme d'une sorte de respect craintif. De toutes parts, sur la Grande-Terre, s'ouvrent comme des passages mystérieux, comme des défilés redoutables, certaines entrées étroites où la mer pénètre et très loin; dans le fond, l'agitation des eaux révèle la descente et l'embouchure de la rivière Humber qui vient là perdre ses ondes dans le sein de l'élément marin.

C'était un spectacle nouveau. Les deux navires paraissaient l'un et l'autre bien petits et comme perdus au milieu de ce dédale de montagnes au pied desquelles la mer brisait avec bruit. Ils passaient, poussés par la vapeur, laissant flotter au-dessus de leurs mâts, leurs panaches de fumée, semblables à des enfants indiscrets qui viennent troubler un conciliabule de géants. Nous laissâmes à notre gauche cette imposante scène et nous engageant dans une passe tellement resserrée que le flanc du *Gassendi* semblait presque toucher la roche noire et les bras étendus des sapins qui la dominaient, nous entrâmes dans une gorge fermée par des crêtes boisées qui montaient jusqu'au ciel et bordée sur son pourtour d'une grève de sable fin, à quelques pas de laquelle la forêt s'arrêtait et le gazon cessait d'empiéter.

Il serait difficile de se figurer autrement un repaire de pirates. Je ne dis pas de ces pirates véritables dont les plus ordinaires refuges sont les cabarets et les bouges de quelques cités maritimes mal famées, mais bien de ces pirates élégants, bien élevés, aux cheveux parfumés, aux riches ceintures, aux armes dorées dont Byron a fait ses héros de prédilection et qui ont besoin d'une plage pittoresque et poétiquement belle pour y exhaler leurs déclamations passionnées. Il fait un peu trop froid sans doute dans la baie des îles et le ciel y est d'ordinaire trop sombre pour que ces merveilleux forbans puissent y résider à demeure; mais, dans la belle saison, ils y seraient à merveille pour se raconter leurs exploits, leurs malheurs et les motifs ténébreux qu'ils doivent avoir de détester l'humanité.

En se mettant quelque peu dans des dispositions enthousiastes, il y avait plaisir à contempler de la rive cette grande scène de désolation, et au milieu du calme miroir des eaux que nulle bourrasque ne saurait troubler, les deux bâtiments de guerre mouillés fraternellement côte à côte, comme deux oiseaux marins endormis. En visitant cette multitude de baies, de criques, de havres, enchevêtrés les uns dans les autres, on conçoit qu'en mille circonstances, un navire qui a quelque intérêt à s'y cacher, peut réussir, sans trop de peine, à se rendre introuvable. La tradition a conservé le souvenir d'une frégate américaine qui, pendant la guerre de l'indépendance, parvint à se maintenir pendant trois années consécutives dans le golfe Saint-Laurent, enlevant les navires de commerce, débarquant sur les côtes, faisant un mal incalculable aux Anglais qui la cherchaient partout, et jamais n'eurent le bonheur de l'atteindre, sans deviner le mystère qui leur dérobait la marche et l'existence de ce vaisseau-fantôme. Avertis seulement de sa réalité par ses exploits, ils eurent le désespoir de comprendre que non-seulement il se promenait librement, en dépit de leurs recherches, mais qu'il ne s'éloignait pas même l'hiver de ces parages saisis par les glaces; il trouvait le secret de se choisir un asile, d'où il ne bougeait plus jusqu'au printemps, et où il était impossible de l'atteindre. Ce fait très-véritable a échauffé la verve de Fenimore Cooper, et nous a valu quelques-uns de ses romans maritimes.

Pour qu'un tel prodige pût avoir lieu, il était de toute nécessité que des yeux humains ne fussent pas là pour avertir et faire parler des langues indiscrètes. En effet, tous ces lieux étaient déserts alors et le sont encore aujourd'hui d'une manière à peu près complète. C'est tout au plus si, à des distances de quinze ou vingt lieues, on trouve une petite habitation de bois où un pêcheur irlandais s'est établi avec sa famille, et vit dans la retraite et la solitude la plus absolue et la plus profonde. Sur la plage de la baie où nous étions mouillés, il existait des débris de cabane abandonnés, mais pas un être humain. A quelques lieues de là, on savait seulement qu'une famille de quatre à cinq personnes avait fixé sa résidence au fond des bois.

Nous avions des motifs de séjourner une huitaine de jours dans cette solitude. Nos compagnons anglais s'appliquèrent à l'exercice du canon en tirant à boulets sur un but placé à terre. Notre équipage fit à peu près de même. Quelques officiers allèrent chasser la perdrix qui ne se montra jamais très-abondante, et tous les matins on pêcha pour varier un peu les ressources culinaires du bord.

Tous les matins, dis-je, un canot quittait le navire, s'approchait du rivage et revenait au bout d'une heure, chargé de homards énormes entassés comme des cailloux. Il y a des lieux où cette famille de crustacées pullule en telle quantité, qu'on les voit grouiller au fond de l'eau et se monter les uns sur les autres. Ils composent de véritables bancs.

Nous étions à peine installés depuis quelques heures dans cette résidence temporaire, qu'un pêcheur vint à bord demander au commandant en chef l'autorisation de s'adresser à l'aumônier pour un mariage et plusieurs baptêmes. Voici ce dont, en réalité, il était question.

J'ai montré à Saint-Georges et à Codroy deux groupes de pêcheurs étrangers à notre côte, qui s'y sont établis, et qui, sans prospérer positivement, réussissent à vivre et ne sont pas trop soucieux de l'avenir. Mais il se trouve encore, parmi les pauvres Irlandais qui embrassent cette rude profession, des esprits plus aventureux, auxquels la vie commune avec leurs semblables ne plaît pas suffisamment pour les attirer ou du moins les fixer sur des points déjà peuplés, et qui préfèrent s'en aller tout seuls chercher leur nourriture et se construire une demeure au milieu des déserts de la côte française.

Ceux-là, les plus hardis, les plus résolus, passent plusieurs années absolument seuls. L'été, ils se fabriquent sur quelque plage une cabane de branchages pareille à celle des graviers, et c'est là qu'ils couchent. Ils ont un canot, pêchent ce qu'ils peuvent le long de la côte ou en mer, et font sécher leur superflu. L'hiver, ils abandonnent la mer envahie par les glaces et où la température est devenue par trop rude. Ils se retirent dans les bois de l'intérieur. Ils ont bientôt fait de s'y façonner un abri un peu plus clos que le premier. La chaleur ne leur fait pas défaut, car ils ont du bois à discrétion. Quant à leurs occupations, ils fabriquent des tonneaux pour y mettre le poisson quand ils en ont pris beaucoup, et chassent, tuant des animaux à fourrures, surtout des castors et quelques caribous, sorte de moufflon particulière à l'île. A l'automne, ils vendent leur morue ou leur hareng séché, leurs peaux, quelquefois un peu de chair fumée de caribou aux traitants qui passent dans le voisinage, et qui leur donnent en échange des vêtements, de la farine, de la poudre, du plomb, enfin le peu dont ils ont besoin. Ils se trouvent fort heureux jusqu'au moment où.... mais ceci constitue un autre ordre de faits et d'idées qui mérite d'être raconté avec plus de détails.

Un beau jour, l'aventurier fait rencontre sur la plage, si l'on est en été ou dans une clairière des bois, couverte de neige, si l'on est en hiver, d'un autre pêcheur ou chasseur comme lui, dont jusqu'alors il n'avait pas soupçonné l'existence. On s'est à peine aperçu qu'on se connaît. Le brave homme qui vient d'être découvert par hasard a les mêmes mœurs, les mêmes idées, les mêmes besoins que le jeune rôdeur, car nécessairement, je prends mon personnage au printemps de la vie. Celui-ci est comme tous ses pareils un gars bien découplé, rose et blond, de grande taille, un peu lourd peut-être, mais solidement bâti, et à qui l'air de la mer et des bois, les habitudes d'activité constante, une vie libre et sans souci ont rendu toute la vigueur saine et robuste de ses ancêtres celtiques.

L'autre est souvent un vieillard, ou du moins un homme fait, mais non moins alerte, bien portant et de bonne humeur que sa nouvelle connaissance. Je n'ai pas vu dans toute cette région un seul être malade, malingre ou rachitique. Après quelques instants d'une conversation très-sommaire, on se met à pêcher ou à chasser en commun. Il n'y a rien de plus vrai, dans Cooper, que le caractère silencieux qu'il donne à ses trappeurs. L'homme ne prend que par la pratique journalière le goût de parler beaucoup. Quand il est habitué à vivre seul, il n'éprouve aucunement le besoin de communiquer ses pensées, et devient très-taciturne, sans pour cela, en être plus triste.

Les deux compagnons sont donc enchantés de se voir, mais ne se font pas de grandes protestations et continuent leur labeur jusqu'à ce que le soir arrive. Alors le plus âgé fait à l'autre cette confidence, qu'il a dans le voisinage sa cabane où il a laissé sa femme et ses enfants, et il invite le garçon à venir souper de quelques pommes de terre et d'un morceau de saumon, le tout soutenu peut-être d'un verre d'eau-de-vie.

L'invitation est immédiatement acceptée, on se

met en route, on arrive et l'on trouve sur le seuil une quinzaine de chiens, qui, l'hiver, servent à tirer les traîneaux chargés de bois, une ménagère dont on s'occupe à peine, sept à huit enfants pour le moins que l'on ne regarde guère plus, et une jeune fille de dix-huit à vingt ans, dont l'aspect inattendu ne manque pas de frapper au cœur l'aventurier jusque-là fort insouciant.

C'est ainsi que l'amour étend sa puissance jusque sur ces terribles côtes. Dans ces bois épais, dans ces fourrés où résident seules les bêtes fauves et où la poursuite de l'homme les trouble si rarement, on se donne pourtant encore des rendez-vous; mais il ne me paraît pas que les jeunes gens soupirent au delà du temps nécessaire pour vaincre, d'une part, la timidité inséparable d'une profonde inexpérience de semblables mystères, et de l'autre une sauvagerie qui s'explique assez chez de belles filles qui n'ont jamais entendu beaucoup de compliments, faute de galants pour les leur adresser.

Les mœurs ne sont pas moins sévères sur les grèves désertes que dans les villages de Saint-Georges et de Codroy, et le père de famille, soit catholique, soit protestant, est toujours trop rempli d'idées religieuses pour tolérer même l'ombre d'un désordre. Aussitôt donc que deux amants se sont vus et plu, on songe à les unir. Il va sans dire que les obstacles sont fort rares en ces lieux-là, contrairement à ce qui se voit ailleurs. Les familles se valent toujours, les fortunes sont pareilles et hypothéquées sur la mer et deux bras vigoureux ; les santés sont également florissantes. Père et mère donnent donc leur consentement, et on procède immédiatement à l'union des fiancés, cérémonie on ne peut plus sommaire, car elle n'a guère d'autres témoins que les parties intéressées, et d'autre formalité que la promesse de ne plus se quitter.

Ceci peut paraître un peu léger de la part de gens si religieux et qui, en vérité, ne pensent pas à mal et ont vécu jusque-là, et vivront dans une innocence irréprochable. Mais la nécessité excuse ces mariages où la loi naturelle intervient seule. On sait déjà que, sur la côte française, c'est-à-dire sur une étendue de cent cinquante lieues, il n'existe pas un seul magistrat. Il n'y a un curé que sur deux points. Il n'est donc pas possible de s'adresser à une autorité temporelle ou spirituelle ; tout le centre de l'île est désert. Des jeunes gens qui s'aiment et l'amour est là bien réel, car aucun intérêt mondain n'en tient à coup sûr la place, ne peuvent se séparer parce qu'il ne se présente âme qui vive autorisée à recevoir leurs serments ; ils se contentent donc de les faire avec la volonté de les tenir et les voilà mariés.

Au bout de quelques années, le hasard, la fortune,

le ciel envoie dans le voisinage un missionnaire égaré, l'aumônier d'un navire de guerre. Immédiatement, le mari se jette dans une barque et vient supplier le révérend père de vouloir bien le marier avec sa femme et, par la même occasion, baptiser leurs quatre ou cinq enfants. Il n'y a garde que les malheureux manquent à s'acquitter de ces devoirs aussitôt que l'occasion s'en présente. Ils bravent l'hiver, la neige, la tempête pour y parvenir et forts de leur pureté d'intention ne se considèrent nullement comme coupables ou même répréhensibles ni en face du ciel, ni en face des hommes. Je ne sais ce que les personnes très-sévères en penseront, mais j'aurais peine, pour ma part, à concevoir des inquiétudes sérieuses sur le salut de ces bonnes âmes, et si je me trompe, j'en appelle des scrupules des casuistes à leurs meilleurs sentiments. Pendant le séjour que nous fîmes dans la baie des îles, notre aumônier et celui du *Tartare* furent constamment en course. On venait les chercher, on les envoyait appeler de tous les îlots, de toutes les grèves, de tous les bois environnants. Souvent le commandant D... nous faisait avertir par un officier que son aumônier avait découvert des catholiques demandant un prêtre de leur confession, renseignement accompagné de l'adresse approximative des époux et des parents. Rien n'égale la joie avec laquelle les messagers de Dieu sont reçus dans ces cabanes solitaires.

On voit les pères, les femmes, les enfants tomber à genoux devant la soutane et embrasser les mains et la robe du prêtre. Un chapelet ou une médaille sont à leurs yeux des objets d'un tel prix qu'ils feraient les plus grands sacrifices pour s'en procurer. Et on le peut concevoir, le chapelet, la médaille, c'est tout ce qu'ils ont, pendant de longues années de solitude, pour leur rappeler leur foi et leur Église. Aussi M. l'abbé P... ne les en laissait pas manquer. Il en avait apporté de France une véritable cargaison qu'il distribuait partout avec une générosité sans bornes, et il se trouvait bien payé, par la joie expansive et la reconnaissance avec lesquelles ces dons étaient reçus. En place de ses pièces de cuivre portant l'image de l'Immaculée Conception, il aurait répandu à flots des dollars, ou des guinées que, je n'en doute pas un instant, il aurait excité infiniment moins d'enthousiasme, et le fait est assurément remarquable en Amérique.

Mais voici ce qui ressemble mieux aux mœurs de ce continent et vaut la peine d'être dit pour faire naître un juste sentiment de réprobation. Il s'est trouvé, il y a peu de temps, un prêtre indigène, d'une espèce rare, il faut le noter, qui, par trop fidèle à l'esprit du terroir, n'a pas eu honte de vendre et de vendre à des prix exagérés, des objets religieux reçus par lui pour être distribués gratis. Si l'on tient compte de l'empressement touchant des pauvres acheteurs, on sera bien près de convenir qu'une telle spéculation ressemble à une sorte de sacrilége.

En vérité, quand on réfléchit que sur les plages de Terre-Neuve et des pays environnants, à la Nouvelle-Écosse, au Nouveau-Brunswick, dans les déserts glacés du Labrador, il existe en ce moment quelques milliers de pêcheurs pareils en tous points à ceux qui viennent d'être décrits, on se sent pris d'une réflexion qui m'est revenue bien souvent à la pensée. Un nombre plus ou moins considérable de missionnaires se rend annuellement en Asie, et, pour la plupart, qu'y vont-ils faire? Quels sont leurs succès? Je ne veux pas parler de ce qui se passe en Chine, ne l'ayant pas vu; mais, dans les pays musulmans, les Européens qui ont observé la vie des missions ne me démentiront pas si j'avance que les résultats obtenus me paraissent dignes de très-peu d'intérêt. Pas un infidèle n'est converti, ni même en disposition de l'être. Il ne s'agit donc que des chrétiens indigènes que l'on s'efforce de faire revenir au giron de l'Église lorsqu'ils sont schismatiques ou d'y retenir quand leurs pères les ont conservés orthodoxes. Dans l'un ou l'autre cas, je ne sais pas ce que valent ces âmes. Je serais tenté d'en faire bon compte. Des hommes, éprouvés par de longs travaux apostoliques m'en ayant dit tout aussi long que j'en sais, je tiens ce résultat de leur expérience directe comme concluant.

Ne vaudrait-il pas mieux que les prêtres dévoués qui se consacrent aux courses lointaines vinssent partager la rude existence des honnêtes populations du Nord-Amérique? leur porter les consolations de leur zèle et des prédications dont elles feraient si grand cas et qu'elles sont si disposées à bien écouter? Il n'y a pas à se faire illusion. Tous ces pêcheurs, tous ces chasseurs ont la volonté ferme de rester bons chrétiens, et catholiques fidèles. Mais leur excellent vouloir ne leur procure pas l'instruction qui leur fait absolument défaut et l'isolement presque absolu dans lequel ils vivent, les expose, bien innocemment, à devenir quelque jour ou les sectateurs involontaires de superstitions bizarres, nées de l'ignorance, ou les recrues innocentes de quelque prédicant hétérodoxe qui imaginera d'aller se faire un troupeau au milieu d'eux et auquel ils ne sauront que répondre. Cette situation a déjà frappé l'esprit de l'évêque de Saint-Jean, de qui relèvent ces contrées. Toutefois, malgré le zèle et les talents hors ligne de ce prélat, que peut-il? Il réunit peu de prêtres sous ses ordres; il n'en trouve pas même assez pour les besoins les plus impérieux de la partie du troupeau qui l'entoure immédiatement, et son diocèse s'étend presque jusqu'au pôle. Il a déjà réussi à le fractionner en obtenant récemment la création de l'évêché du Havre-de-Grâce qui lui a pris quelques districts de l'île. Mais c'est un bien faible expédient pour d'aussi grands besoins et il y aurait certainement beaucoup à faire et des choses réellement méritoires de la part des missionnaires européens qui voudraient embrasser une tâche difficile et austère. Il s'en trouvera sans doute qui, d'ailleurs, seront largement récompensés par les résultats.

Grâce à notre aumônier, nous eûmes, pendant notre séjour dans la baie des îles, un certain air d'apôtres, à coup sûr fort honorable pour des laïques et que, du moins, nous soutînmes de tous nos vœux, car il est impossible de rester indifférent aux bonnes qualités, à la naïveté des gens qui avaient à réclamer le ministère de l'abbé. Leur reconnaissance se manifestait par tous les moyens en leur pouvoir, et on ne nous laissait manquer ni de truites, ni de saumons que nous partageâmes bientôt avec de nouveaux hôtes.

Le Sésostris, bâtiment de la division et que j'ai déjà eu l'occasion de mentionner, vint nous rejoindre, et peu après, une canonnière anglaise, *le Jasper,* qui devait nous être d'une grande utilité pour pénétrer dans des passes où notre tirant d'eau ne nous aurait par permis de parvenir. Nous profitâmes immédiatement de l'arrivée de ce navire pour faire une excursion dans la rivière Humber. Nous ne manquâmes pas de trouver dans la seule habitation qui se présenta à notre vue un couple protestant que l'aumônier du *Tartare* maria en un tour de main, non sans avoir baptisé un ou deux enfants. Puis nous remontâmes le flot d'eau douce en canot.

La rivière était à demi barrée en plusieurs places par des filets à saumons et s'enfonçait en mille détours au milieu des bois et des roches. Nous allâmes assez loin pour la voir s'encaisser de plus en plus entre des berges qui, la serrant de près, lui donnaient une grande rapidité. En face de nous la montagne s'élevait droite, roide et couverte en partie d'arbres morts ; car ce territoire pour être fort accidenté, n'en est pas pourvu d'une plus grande épaisseur de terre végétale et là, comme dans toutes les autres parties de l'île, quand les arbres ont atteint une vingtaine de pieds, ils meurent faute de nourriture, tombent sur leurs voisins et pourrissent. L'immense quantité de ces troncs flétris, brisés, dejetés dans toutes les attitudes et étendant au hasard leurs bras nus et grisâtres, produit dans le paysage un effet extrêmement triste.

Après une assez longue excursion en canot, nous revînmes à bord du *Jasper*, de là nous allâmes passer quelques heures sur *le Sésostris* et nous retournâmes dans la crique où nous avions élu domicile.

Le Ténare, en nous apportant le courrier de France, termina notre séjour à la Baie des Iles et nous partîmes pour le port Saunders.

Je passe sans les mentionner, devant les établissements de pêche français que nous visitions le long de la côte. Je n'aurais à répéter ici que ce que j'ai déjà dit à propos de l'île Rouge : ce sont toujours des bateaux en plus ou moins grand nombre, des goëlettes à l'ancre, des chauffauts, des cageots, des vigneaux, des graves et un peuple de matelots et de graviers travaillant sous l'œil et sous la direction du capitaine et l'opinion du docteur. Toute cette existence est si simple, si dénuée d'accidents imprévus, qu'on ne voit jamais et n'entend que les mêmes discours, dans un établissement comme dans l'autre.

Le port de Saunders a reçu son nom l'amiral anglais, commandant l'escadre qui a aidé à nous enlever le Canada. Il n'en est pas pour cela plus habité et nous n'y découvrîmes qu'un seul pêcheur qui, dans un complet isolement et sans famille aucune, demeure à une certaine distance du rivage au milieu des bois, dans une petite cabane qu'il est construite il y a déjà bien des années. Ce brave homme qu'on pourrait appeler un sage, tant il a réduit le nombre de ses besoins, compte aujourd'hui plus de soixante-dix ans sonnés, et ainsi que je le disais plus haut, il ne montre aucun goût pour la conversation de ses semblables. Bien loin de là, il les évite quand une occasion rare en amène quelques-uns de son côté et il prend le parti de s'enfoncer plus avant dans la forêt où il attend leur départ. Cependant il crut devoir une visite au *Gassendi* et apporta un saumon. On lui donna un peu de farine. Il s'en alla content. Quelque jour on le trouvera mort dans sa hutte, et qui sait? peut-être son existence n'aura-t-elle été ni plus ni moins utile que celle de beaucoup d'hommes distingués.

En regard de ce personnage, je veux placer la physionomie du seul être mélancolique que j'aie aperçu dans ces parages. En recueillant des dépositions sur un petit îlot du voisinage où s'étaient établies cinq à six cabanes, je vis un homme de grande taille, déjà âgé, qui fumait sa pipe dans un coin, et les bras croisés sous sa veste de gros drap, se tenait loin de nous avec une certaine affectation. Il échangeait quelques rares paroles avec un autre vieillard, un peu cassé, connu dans le pays sous le nom caractéristique de *Caribou*, ancien chasseur en réputation, ancien coureur et qui avait accompli l'exploit glorieux de faire à pied tout le tour de l'île de Terre-Neuve. Ce n'est pas peu de chose là où il n'existe aucune espèce de chemin et pas même un sentier. L'homme que je remarquais était un ancien déserteur français.

A l'âge de quinze ans, mousse à bord d'une goëlette de pêche, il s'était pris de querelle avec le second et, mauvaise tête, apparemment, avait pendant la nuit quitté son bord. Caché dans les taillis, il dérouta la poursuite. Pendant plusieurs années, il mena une existence pleine d'inquiétude, n'osant pas se risquer dans le voisinage des établissements français et toujours en crainte de rencontrer les embarcations de quelque bâtiment de guerre qui n'eussent pas manqué de le saisir. La peine qu'il encourait n'était pas très-forte; mais il était butté sur l'idée de ne pas s'y soumettre, et d'ailleurs le charme irrésistible que j'ai vu exercer, sous toutes les latitudes, par la vie errante, vagabonde, indépendante, le retenait enchaîné à une existence de misère bien différente à tous égards de celle des pêcheurs libres qu'il rencontrait quelquefois. Il paraît aussi que son imagination lui rappelait constamment sa famille qu'il ne devait plus revoir et ses amis qu'il n'en aimait que davantage. Il était malheureux, malade d'esprit et de cœur et, tiraillé ainsi entre des mouvements divers, il n'eut pas toute son énergie pour travailler, et matériellement resta misérable. Pour comble de maux, il devint amoureux d'une fille irlandaise et l'épousa. Il ne sut pas davantage relever ses affaires. De là sa tristesse et bien que, désormais, vu la longueur du temps, il n'eût plus rien à craindre de l'uniforme français, visiblement il souffrait à le voir. « J'ai eu tort de déserter, disait-il tristement en secouant la tête; j'étais jeune, je ne savais rien. Maintenant, ma vie est finie. Il s'en alla. »

A l'île Saint-Jean, on ne voyait sur la plage qu'une trentaine de gros chiens noirs jouant dans l'eau et à peu près autant d'enfants joufflus de toutes tailles qui les aidaient. Dans une douzaine de cabanes, rien que des femmes. Les hommes étaient allés pêcher au Labrador.

Les femmes de Saint-Jean ne sont pas moins actives et courageuses que leurs compatriotes de Saint-Georges. Elles ont de plus le privilége de pêcher seules dans leur baie, leurs maris dédaignant un travail si facile et si peu dangereux. Nous vîmes quelques belles filles, qui sortant des maisons, mirent à l'eau une des embarcations échouées sur la grève et s'éloignèrent avec la sécurité de l'expérience. J'admirai encore comme toutes ces demeures étaient à l'intérieur propres et bien tenues, présentaient un aspect régulier, joyeux, confortable, et différaient hélas! des bouges désordonnés dont se contentent même nos capitaines et nos docteurs qui, cependant, voient chaque année, toute autre chose en France. On a d'autant plus lieu d'être surpris de tant de propreté chez leurs voisins, que, je ne saurais trop le répéter, il s'agit ici non-seulement de pauvres pêcheurs sans argent, mais d'Irlandais qui nulle part en Angleterre, ni dans leur île, n'ont encore trouvé moyen de se faire une réputation en ce genre. Dans l'île Saint-Jean, comme partout, on se savait sur la terre française et on n'en redoutait pas les conséquences, plein de confiance dans ce qu'on croyait connaître de notre caractère facile et de notre mansuétude.

La vie à l'île Saint-Jean est un peu plus agitée que sur le reste de la côte ouest, exposée dans certains moments de l'année à des dangers qui ne sont pas connus plus bas. Vers le printemps, on voit quelquefois déboucher par le détroit de Belle-Isle, certains bateaux venus on ne sait trop d'où, du Labrador, de la partie anglaise de Terre-Neuve, qui, sans papiers et sans pavillons, se répandent dans ces parages, sous prétexte d'y couper du bois. Quand ces vagabonds surprennent une habitation isolée, il leur arrive quelquefois de la piller et d'insulter ou de maltraiter les femmes. Aussi surveille-t-on avec anxiété leur venue, et aussitôt qu'une voile suspecte paraît au large, les mères de famille ferment et barricadent tout, cachent ce qu'elles ont de meilleur et s'enfuient dans les bois avec leurs enfants. Lorsqu'elles se sont assurées que les étrangers ne sont pas descendus à terre ou se sont rembarqués, elles reviennent, et quelquefois elles en sont quittes pour quelques portes enfoncées ou même pour la peur.

Nous visitâmes encore non loin de là un établissement presque unique dans ces parages. Il appartient à un Anglais, ancien pêcheur comme les autres, mais doué d'une intelligence beaucoup plus active, d'une ambition supérieure et d'une énergie qui, ailleurs que dans la solitude, aurait peut-être produit d'assez grands résultats. Cet homme, marié et entouré de plusieurs enfants, a pris à ses gages un certain nombre de serviteurs; il fait la pêche du hareng et de la morue en grand et y ajoute celle du loup-marin. Son habitation assez importante est entourée de magasins où il enserre les produits de son travail. Ses goëlettes fréquentent les ports du Canada et de la Nouvelle-Écosse, et en rapportent les denrées utiles, qu'à son tour il vend aux pêcheurs indépendants, sur lesquels il exerce ainsi une sorte de domination et dont il achète le poisson.

Son domaine n'est pas beau parce que le pays ne le veut pas. C'est une plate-forme de rochers où il a ménagé un petit jardin, qui produit à grand'peine quelques maigres choux et de la rhubarbe. Mais il trouve cette vie superbe, parce que, en face de ses fenêtres, s'étendent les filets où il prend les loups-marins, et que là tout est à lui et vient de lui.

Un si grand et puissant personnage, espèce de patriarche des temps antiques, ne pouvait montrer l'humble et placide soumission d'un pêcheur ordinaire. Sa tête se relevait avec une sorte de fierté conquérante, et bien qu'il sût à merveille qu'il n'était pas chez lui, il ne paraissait pas très-disposé à en convenir. Tout ce qu'il pouvait concéder, c'est que, dans le cas où devant une force majeure et une résolution bien prise de le déposséder, il lui faudrait céder la place, ce qu'il croyait peu probable, ajoutait-il avec un sourire de dédain, il était assez riche pour exister partout ailleurs, et assez habile pour se créer une nouvelle fortune s'il le jugeait à propos. Des individualités pareilles deviennent de plus en plus rares dans les temps modernes, où le faible dominant possède et emploie tous les moyens d'écraser le fort au berceau. Quand on en rencontre par hasard une seule qui soit venue à bien, elle peut ne pas sembler très-aimable, mais elle est toujours sûre d'exciter l'estime même chez l'adversaire. Il est assez beau de voir le fort armé gardant sa maison et se confiant à lui-même, fût-ce au moment où un plus fort que lui va peut-être l'abattre. Cet homme ne ressemblait pas mal à quelqu'un de ces anciens colons norvégiens du Groënland qui, au treizième siècle, isolés avec leurs familles et leurs serviteurs sur une terre froide et ingrate comme la sienne, sous un ciel inclément comme le sien, séparés du monde comme lui, et comme lui réduits à eux-mêmes pour seule et suprême ressource, portaient fièrement le poids d'un ennui et d'une crainte qui ne les atteignaient pas, exaltés qu'ils étaient par l'esprit d'entreprise. Ce n'est pas le théâtre où ils agissent ni les intérêts qu'ils remuent qui font les hommes grands ; c'est uniquement le poids de domination qu'ils savent faire peser sur les choses, et le pâtre qui sait vouloir, est dans son étroite sphère plus élevé qu'un potentat incertain de ses voies.

Nous commençâmes vers cette hauteur à faire rencontre de glaces flottantes. Il arrive assez fréquemment qu'au mois de juillet, le détroit de Belle-Isle n'étant pas encore débarrassé des banquises qui l'obstruent, le passage n'est pas libre. Il l'était cette fois, et les morceaux de la barrière flottaient çà et là sur les eaux, énormes, élevant dans les cieux leurs têtes blanches de neige, semblables à des îles montagneuses avec plusieurs sommets, des pics et des vallées. Il arriva, un jour, pendant que nous visitions la pêcherie de la baie des Fleurs, que les officiers du *Tartare* s'amusèrent à tirer à boulet et presqu'à bout portant sur un de ces débris; on voyait le projectile s'enfoncer dans la neige, et ne pas plus émouvoir le but que si on l'eût salué d'une noisette. Quelquefois, lorsque les eaux ont usé suffisamment la base d'une glace, la masse immense s'agite, s'émeut, se retourne avec un bruit épouvantable, et dresse en l'air ce qui tout à l'heure plongeait au plus profond du gouffre, car si monstrueuse que se montre la partie qui est à découvert, celle qui se cache dans l'eau en représente toujours sept fois la hauteur.

Ces monuments de la rigueur du climat polaire se séparent au printemps, et emportés par les courants, descendent vers le sud. Les uns, usés peu à peu par la température plus douce, se fondent et disparaissent, les autres échouent sur le rivage; quelques-uns saisis par le gulf-stream remontent dans le nord, et sont entraînés jusqu'aux parages de la Norvége.

Au printemps, une population étrange s'établit sur ces îles artificielles et y pullule. Ce sont les loups-marins. Ils y font leurs petits, et leur donnent là l'apprentissage de leur existence d'amphibie. On les voit couchés sur la glace, guettant le poisson, ou après la pâture, endormis au milieu de leur jeune famille. C'est donc là qu'il faut aller les prendre, et ce n'est pas une des expéditions les moins hardies ni les moins fécondes en épisodes dramatiques.

Les Anglais, presque seuls, se livrent à ce genre de pêche qui est plutôt une chasse, ou, pour parler franc, un massacre. Montés sur des goëlettes particulièrement solides et revêtues de fer afin de pouvoir résister à la pression des glaces dans le dédale desquelles il faut courageusement s'engager, les pêcheurs se hasardent, au printemps, vers l'époque de la débâcle, dans des archipels redoutables. Poussant leurs embarcations dans les lagunes inextricables formées par les glaces, il leur faut approcher avec des précautions infinies pour ne pas donner trop tôt l'éveil aux loups-marins et pouvoir les surprendre. Armés de longs couteaux, ils assaillent les animaux endormis et les tuent. Il arrive quelquefois que le père et la mère se jettent sur les hommes et se dévouent pour donner aux jeunes le temps d'échapper ; et dans ce cas, ces animaux, en tout autre temps timides et inoffensifs, se défendent avec une énergie qui ne laisse pas que de faire courir des dangers aux agresseurs. Souvent aussi, en sautant d'une glace sur une autre, le pied glisse et l'homme disparaît dans la mer, sans qu'il puisse être question de le sauver. Enfin, malgré leur armature, il s'est vu que des goëlettes n'ont pu résister à la pression des glaces subitement ramenées et heurtées par le vent et ont sombré avec tout leur équipage. Mais, par compensation, les produits de cette pêche, en huile et en peaux, valent des millions et les marins qui y prennent part deviennent des hommes de fer. Il serait heureux que les tentatives auxquelles on a songé plusieurs fois pour nous faire participer à ce genre d'exploitation pussent enfin se réaliser.

Bien que la France n'ait aucune espèce de droit à exercer ni à prétendre sur la côte du Labrador, nous y fîmes une apparition, avant de franchir le détroit de Belle-Isle. Le pays est encore plus désolé, plus stérile et plus affreux que Terre-Neuve ; car là, du moins, il y a des taillis et des bois, de la verdure, de grands herbages. Au Labrador, on ne voit rien qu'une terre sèche et stérile. Nous ne trouvâmes pas autre chose à Forteau où nous débarquâmes. Mais nous fûmes reçus dans un bel établissement appartenant à une compagnie de l'île normande de Jersey et nous pûmes visiter de vastes magasins où les denrées d'Europe s'échangent contre le poisson et les pelleteries. Les sauvages et les trappeurs canadiens ont l'habitude de vendre ici le produit de leur chasse. En conséquence, Forteau, malgré la physionomie peu attrayante qu'il présente, est un point de commerce qui ne laisse pas que d'être considérable. Un brick, mouillé dans la rade, était chargé de fourrures et allait partir pour le nord de l'Europe. On nous y montra d'assez belles pelleteries. Quant aux établissements de pêche, ils sont moins avantageux que ceux de la côte voisine de Terre-Neuve ; la morue y est petite et en beaucoup moins grande abondance. Cependant, c'est un rêve de quelques-uns de nos armateurs que d'obtenir le droit d'aller sur cette côte. Habitués à fréquenter surtout les parages de Terre-Neuve situés en face, ils sont mécontents d'être retenus par une limite qu'ils voudraient reculer indéfiniment et comme ils ne songent qu'à leur intérêt individuel, ils expriment l'avis qu'on ferait très-bien de céder quelque chose des droits que nous avons sur la partie méridionale pour gagner la possibilité d'aller chez nos voisins. Que l'on interroge les habitants de toutes les frontières dans tous les pays du monde et on les verra plus ou moins entichés d'imaginations semblables.

Les spéculateurs qui ont conçu celle-ci ne tiennent aucun compte des intérêts de leurs nationaux qui pêchent dans le sud et qu'il faudrait léser pour servir les leurs. Ils ne réfléchissent pas non plus que, dans le sud, nous sommes chez nous et que les traités, si nous voulons user de l'autorité qu'ils nous confèrent, nous autorisent à y être seuls. Au contraire, au Labrador, les sujets anglais de tous les pays environnants peuvent venir et viennent. La Nouvelle Écosse y envoie ses goëlettes qui s'y rencontrent avec celles du Nouveau-Brunswick et de l'île du Prince-Édouard. Les Canadiens y sont chez eux, les gens de Saint-Jean de Terre-Neuve y remontent; les Américains eux-mêmes ne dédaignent pas quelquefois d'y paraître et pour tant de monde quelle est la proie à partager? Une proie bien mesquine et si peu productive que Forteau ne se soutiendrait pas sans le commerce des pelleteries.

Ces raisons, toutes fortes et concluantes qu'elles sont, n'ont malheureusement pas impressionné, en 1832 et 1833, des commerçants plus avides que réfléchis qui, s'en rapportant aux dires de quelques capitaines à courtes vues, ont fatigué le gouvernement d'alors de leurs réclamations et ont réussi à l'inquiéter de leur influence. C'est, il n'en faut pas douter, cette infatuation des uns, cette faiblesse de l'autre, qu'il faut accuser de la triste préoccupation où l'on commença alors à entrer, pour la première fois depuis 1713, au sujet de la valeur, de l'étendue, de l'utilité de nos droits sur Terre-Neuve. On montra tant d'envie d'innover, si peu de sécurité, de confiance, de goût même pour des prérogatives jusque-là incontestées, que l'on inspira à l'Angleterre qui n'y songeait pas, et aux habitants de Terre-Neuve surtout, heureux de voir s'ouvrir pour eux une perspective tout à fait inattendue, l'idée de profiter d'un oubli si inconcevable de nos véritables intérêts.

Les négociants qui se croyaient si intéressés à gagner un accès sur la côte du Labrador, prétendirent, soutinrent, avant le cabinet de Londres, que nos droits à pêcher seuls sur notre côte, n'étaient pas clairs, ce dont jusqu'alors, personne ne s'était jamais avisé. Ils réussirent à faire admettre cette opinion par quelques administrateurs timides et, qui pis est, par des politiques assez malencontreux et pensant assez mal de la sagesse du gouvernement britannique et de la droiture de son jugement, pour le croire disposé à s'opiniâtrer même dans une cause mauvaise et à revendiquer, même au prix d'une rupture avec nous, un pauvre droit de pêche, qui, encore, ne lui appartiendrait pas.

Ce ne fut pas assez que de soulever ces nouveautés dont le moindre examen des faits aurait dû anéantir immédiatement jusqu'au plus mince atome. On prétendit que la population intruse d'Irlandais et d'Anglais établis sur notre côte était désormais trop compacte pour qu'on dût songer à la faire partir; et des villages de Saint-Georges et de Codroy, on fit, ou peut s'en faut, des espèces de métropoles qui nous menaçaient, quoique nous en eussions, de nous prendre de force ce que nous ne voudrions pas céder de bonne grâce. On en tirait cette conséquence, que la sagesse nous ordonnait de conclure un nouveau traité qui, modifiant les actes antérieurs, aurait à consacrer l'existence légale de Saint-Georges et de Codroy, à faire sortir ces villages et la partie du territoire dont il aurait fallu les entourer, de notre part de côtes et à nous donner en compensation, cette fameuse autorisation de pêcher au Labrador concurremment avec une foule de rivaux. L'on ne réfléchissait pas que s'il était vrai que Saint-Georges et Codroy fussent des lieux si bien arrachés de nos mains, que nous n'eussions plus qu'à nous hâter d'en ratifier la perte, il était encore plus évident qu'une fois cette convention signée, les mêmes causes d'envahissement subsistant toujours, que dis-je? ayant reçu par la reconnaissance solennelle de leurs premiers résultats, une force d'impulsion qui jusqu'alors leur avait totalement manqué, on les verrait se développer avec une puissance irrésistible; que s'appuyant à l'avenir sur deux points de plus en plus forts, l'invasion anglaise déborderait bientôt sur toute l'étendue des côtes qui nous serait restée, et qu'avant une période de vingt ans au plus, il ne nous resterait rien de nos territoires de pêche sur la côte occidentale de Terre-Neuve; rien, et pour unique compensation, le droit d'aller prendre quelques morues au Labrador où, encore nous ne pourrions pas même les faire sécher à terre.

Heureusement, fort heureusement, ces projets, ces rêves ne se sont pas réalisés; nous ne pouvons pas aller au Labrador, mais, en revanche, nous possédons encore les pêcheries de la côte occidentale tout entière, du cap Raye au cap Normand, et si des étrangers se sont glissés chez nous et y ont fait quelques établissements, personne ne nous conteste le droit de faire partir ces intrus dans la forme et dans le temps qui nous conviendront. Un droit non exercé ne ressemble en rien à un droit perdu. Une propriété mal exploitée n'est pas une propriété vendue; un pauvre à qui l'on donne asile et à qui on laisse un temps fourrager son champ, n'est pas un compétiteur légal.

Avant de dire ce qu'il convient d'ailleurs de penser de la valeur et de l'importance réelle de l'intrusion des sujets anglais sur notre côte, fait anomal sans doute mais dont la valeur a été singulièrement exagérée, il est nécessaire d'achever la visite que nous avons encore à faire des établissements situés sur la côte orientale que *le Gassendi* va maintenant longer.

CHAPITRE X.

La côte orientale.

Que trouverai-je à dire de la baie du Pistolet et de la Crémaillère que je n'aie déjà remarqué ailleurs? rien absolument si ce n'est un détail tout à fait indigne de la gravité de l'histoire humaine, mais qui pourrait bien faire sourire d'aise l'histoire naturelle. Pour un motif que je crois inconnu, les homards, si terriblement abondants à l'ouest de Terre-Neuve, paraissent s'être accordés pour ne pas dépasser le cap Normand et ne se montrent pas à l'est de l'île. Sans approfondir la question, nous en fîmes la remarque avec quelque plaisir, car cette nourriture chère aux Parisiens, finit par devenir singulièrement fatigante et le moment était arrivé depuis longtemps où la vue du plus magnifique crustacé qui eût fait l'orgueil des étalages de Potel, donnait des crispations d'impatience au plus philosophe des officiers. Du reste, à part cette absence de homards qui ne constituait, en définitive, qu'un bonheur négatif, rien de nouveau, toujours des cageots, toujours des chauffauts, toujours la même odeur, le ciel gris, la pluie, la brume, l'humidité froide, une terre sauvage et inféconde, au moins une glace flottante, errant ennuyée et ennuyeuse à l'horizon.

Nous arrivâmes à la baie du Croc. Au moment où nous doublions la pointe qui en garde l'entrée, une barque de pêcheurs passa près de nous, rapidement emportée par le vent, et le patron, en agitant son chapeau, nous cria : « Il y a du neuf! grande victoire! »

Naturellement, tous les esprits furent mis en éveil par ces quelques paroles et chacun se communiquait ses conjectures, quand nous aperçûmes *le Tartare* déjà mouillé dans la baie. Aussitôt de son arrière se détacha une embarcation, tandis que nous étions salués par les musiciens du bord qui jouaient avec enthousiasme l'air de la reine Hortense. Cette courtoisie à laquelle nos amis nous avaient habitués corroborait les quelques paroles du pêcheur, et bientôt un officier mettant le pied sur le pont nous révéla tout le mystère en remettant au commandant en chef un paquet de gazettes et nous annonçant de vive voix le gain de la bataille de Solferino. Ce fut ainsi que nous apprîmes ce grand événement.

Il y a quelques années, le Croc était le quartier général de la station navale de Terre-Neuve. On y restait pendant des mois entiers, laissant le monde aller comme il pouvait, et aux approches de l'hiver on regagnait la France. Le temps se passait à voir Patrice, un Irlandais fermier de la station qui gardait une petite maison, un jardin et une vache. On vantait les choux du Croc et on chassait quelque peu aux environs. On y pêchait aussi, cela s'entend de soi. Mais depuis ce temps, les choses sont bien changées. La France est devenue plus attentive à son bien, elle en comprend mieux la valeur, elle le surveille davantage. Maintenant personne ne s'endort. Le commandant en chef inspecte lui-même toute la côte. Un de ses bâtiments est toujours en mission sur un point quelconque; un autre se livre à de fatigantes, mais utiles études hydrographiques; deux goëlettes de guerre observent la conduite de nos équipages de pêche et visitent les établissements. Une telle activité est infiniment préférable, sous tous les rapports, à l'ancienne somnolence et promet beaucoup à l'avenir. Les fausses appréciations ne pourront plus se reproduire en face de cet examen perpétuel des faits confié à des officiers dont on ne sait qu'honorer davantage, de l'intelligence ou de l'infatigable dévouement, et qui, pour l'un comme pour l'autre, méritent assurément la reconnaissance de leur pays. La nature vraie de nos intérêts dans ces parages, restée malheureusement trop inconnue du public et même de l'administration, estimée bien au-dessous de ce qu'elle vaut, sera mieux jugée d'abord par ces appréciateurs irréfragables et particulièrement compétents, et sur leur témoignage, pourra, avec le temps, se montrer dans sa vérité à tous les vrais et sérieux amis de leur pays qui apprendront à estimer ce qu'il vaut, le bijou que les désastres du dix-huitième siècle nous ont laissé.

Je parlais tout à l'heure de Patrice. La femme de ce digne Irlandais, une Junon remarquable à tous égards par le développement de sa personne en hauteur et en largeur et peu timide de son naturel, eut l'occasion de s'expliquer sur les droits de la France dans la baie du Croc, d'une façon tout à fait décisive et que personne ne songeait à attendre d'une telle autorité, mais qui n'en valait pas moins bien des enquêtes.

Dans une discussion d'amitié avec une de ses amies habitant une cabane aux environs, cette dame s'était abandonnée à quelques vivacités regrettables, et la chronique du Croc, probablement exagérée, comme partout ailleurs, prétendait même qu'un bonnet, un peu brusquement enlevé de sa place naturelle, avait voltigé dans les airs après un discours prononcé avec trop d'action. En tout cas, il semblerait que la discussion eût été chaude, car des personnes fort autorisées à apporter le tribut de leurs conseils pour réconcilier les deux contendantes se portèrent de bonne volonté sur le lieu du débat et voulurent faire entendre raison à Mme Patrice. Mais l'amazone leur ferma promptement la bouche.

Comme particuliers elle ne souhaitait pas, leur dit-elle, les voir se mêler de ses affaires; comme magistrats anglais, elle ne les connaissait pas. Elle ne voulait obéir qu'à un officier français, s'il s'en trouvait qui eût quelque ordre à lui donner. Elle ne dépendait, à son sens, ni de l'autorité de la reine, ni de l'autorité coloniale, et, ajoutait-elle, il était bien connu et reconnu sur toute la côte, qu'il n'y avait qu'un Dieu au ciel, et ici-bas, le commandant en chef de la station française. Il fallut en passer par cette déclaration aussi franche que spontanée et laisser les deux dames se battre ou se raccommoder comme elles l'entendraient. Probablement, après quelques hostilités, une tasse de thé convenablement sucrée aura rétabli la concorde entre ces fières personnes.

Il nous arriva aussi un Indien métis croisé d'Irlandais. Cet homme avait fait une sorte de fortune. Il était Micmac par sa mère, et le type indien dominait chez lui d'une manière très-marquée. Cependant, il avait le visage moins large que ses compatriotes maternels et les pommettes moins saillantes avec les formes moins osseuses, mais la même physionomie douce, un peu craintive et rusée. Il était du reste proprement vêtu, et c'est le premier et le dernier indigène, ou à peu près, sur lequel j'aie pu faire cette observation. Un digne Français l'accompagnait, qui dans cette population occupée de faits très-précis et très-positifs avait apporté un reflet de fantaisie. Le personnage n'était indigne ni de Callot quant à l'extérieur, ni d'Hoffmann, quant au moral. Sa vie se passait dans une grande agitation. Il avait conçu, depuis longues années, l'idée de fonder une immense saumonerie sur cette côte. Il voulait y joindre une manufacture de conserves, se proposait de fabriquer lui-même les boîtes de métal nécessaires, et, pour commencer, avait obtenu, disait-il, le privilége de pêcher dans une certaine rivière. Mais cette certaine rivière qui devait être suivant lui aux alentours de la baie du Pistolet, il n'avait pas réussi jusqu'alors à la découvrir. C'était le moindre de ses embarras. Il se disait entouré d'envieux, poursuivi par des haines secrètes et se promettait de triompher de ses ennemis. Il faisait des vers dont il portait le manuscrit dans sa poche. Il n'était pas moins préoccupé de l'idée de régénérer la littérature française que de changer la nature des pêcheries de Terre-Neuve. Ce grotesque très-passionné et fort en émoi jeta quelque diversité pendant un jour ou deux dans le calme profond de notre existence; puis nous-partîmes du

Croc et, comme de tant d'autres choses, nous n'en entendîmes plus parler.

Nous allâmes de là à la Conche, et c'est le point le plus considérable des établissements français sur la côte orientale. La Conche est d'aspect un peu semblable au village de Saint-Georges, les habitations s'y accumulent de manière à former une espèce de commune. Il y existe même une église desservie par un prêtre qui avant de prêcher la parole de Dieu dans ces parages, y avait passé de longues années comme capitaine. Un beau jour il a abandonné le filet et la ligne, et laissant sa barque sur le rivage, il s'est fait pêcheur d'hommes.

La Conche est intéressante en ceci, que l'établissement est mixte, en partie français, en partie anglais, et voilà comment le fait a pu se produire.

Aux termes des traités, nos équipages ne sauraient hiverner sur la côte. Cependant force leur est, en partant à l'automne, de laisser derrière eux, avec leurs habitations, des barques en grand nombre qu'il serait fort embarrassant et très-coûteux de rapporter en France à chaque voyage; puis, enfin, les meubles, les ustensiles, les filets, des amas de sel. Afin que tout ce butin ne soit pas dilapidé et pillé pendant leur absence, ils sont, depuis un temps immémorial, dans l'habitude de le confier à la surveillance de gardiens sujets anglais, dont l'hivernage ne peut donner lieu à aucune contestation.

Ainsi, chaque établissement de pêche a son gardien, et quelquefois il en a plusieurs lorsqu'il est un peu étendu et que les bâtiments sont disséminés. Les capitaines attachent une question d'amour-propre à cette institution. Plus ils ont de gardiens, plus ils ont de sujets. Ils disent : *Mon Anglais*, ou *mes Anglais*, et s'en estiment davantage. Le soir, ils vont se chauffer chez *leur Anglais*, dont la maison est toujours mieux construite et plus confortablement installée que la leur, et ils y jouissent de la vie de famille, car le gardien est toujours marié. Peut-être même arrive-t-il (les mauvaises langues le disent du moins) que des sentiments de toute nature leur inspirent quelquefois de grandes faiblesses ou de profonds attachements pour la famille de *leur Anglais*.

Comme le numéraire est très-peu employé sur cette côte, on rémunère le gardien en l'autorisant à pêcher librement et légalement. On lui donne en outre de la farine, du lard, enfin ce qui constitue les douceurs de la vie dans ce monde-là.

Mais le gardien étant marié a des enfants, et, étant Irlandais, il est fort rare qu'il en ait moins de huit ou dix, et assez commun qu'il en possède davantage. Les philosophes ont d'ailleurs remarqué depuis des temps très-anciens que les populations ichthyophages se multipliaient d'une manière effrayante. Ce qui se passe à Terre-Neuve n'est pas de nature à les contredire. En quelques années, on voit donc quinze ou vingt personnes représenter la famille de deux ou trois gardiens.

Le père continue à être un personnage officiel à l'égard des pêcheurs français, mais les enfants qu'on laisse insoucieusement se marier, s'établir sur les lieux et former souche à leur tour, ne sont plus de rien à nos hommes, et continuent néanmoins à pêcher à leurs côtés et à habiter parmi eux. Aujourd'hui plus de la moitié de la Conche se trouve ainsi occupée par une population tout anglaise.

Il va sans dire aussi que ce sont de telles combinaisons qui se trouvent les plus propres à développer l'esprit d'antagonisme et d'antipathie entre les parties intéressées. Nos pêcheurs ne sont pas contents et n'ont pas lieu de l'être quand ils voient la baie occupée par les filets des intrus, quand ils ne peuvent jeter leurs seines sans risquer de les déchirer à des engins qu'ils n'ont pas placés, quand enfin en mille circonstances une concurrence qui n'a pas de motif légitime d'exister vient contrarier leurs mouvements.

D'un autre côté, les Anglais, désormais en nombre et chaque jour plus forts, auraient très-naturellement l'envie de tenir seuls le terrain, et quelques mauvaises têtes cherchent à entraîner leurs camarades à des coups de vigueur. Cependant, telle est la douceur des mœurs de ces pêcheurs des deux nations, telles sont les dispositions d'obéissance qu'ils apportent à écouter les recommandations des officiers, que les voies de fait sont plus que rares : tout s'est borné jusqu'ici, dans les cas les plus graves, à quelques menaces, encore est-il certain que rien de semblable n'aurait eu lieu si des gens, parfaitement étrangers aux intérêts locaux, n'étaient venus troubler les esprits peu avant notre arrivée.

Un homme se disant mandataire de quelques agitateurs de Saint-Jean, capitale de l'île, avait paru sur un petit bâtiment à vapeur, frété par ses patrons, afin, disait-il, d'éclairer les habitants anglais de la Conche sur leurs droits véritables, et de leur dévoiler la mauvaise foi de leurs compagnons français. Il se promena de cabane en cabane, montrant un papier imprimé, qui, disait-il, reproduisait le texte d'une déclaration du ministre des affaires étrangères de France, de laquelle il résultait.... beaucoup de choses. Personne ne lut cette soi-disant déclaration, et ne comprit même bien clairement en quoi elle consistait. Mais, précisément le vague de cet on-dit permettait les suppositions les plus exagérées, et si le monsieur venu de Saint-Jean avait eu le temps d'exécuter ses projets, il est assez vraisemblable qu'un assez bon nombre de filets déchirés, de têtes cassées et de bras démis, auraient attesté le succès de son entreprise. Par bonheur, la commission put arrêter à temps le travail de ce perturbateur au petit pied qui, se voyant découvert, regagna Saint-Jean plus modestement qu'il n'était venu.

Il se vengea toutefois de nous, à sa manière et d'une façon qui ne laissa pas que de nous être sensible, en répandant le bruit que les Français avaient bâti quelque part, sur la côte, un hôpital pour leurs pêcheurs, lequel hôpital était construit en pierre ; pierres de taille ou moellons, il ne s'expliquait pas ; mais le monument était en pierre à n'en pas douter, et c'était une grave infraction aux traités.

Il nous fallut chercher par terre et par mer ce coupable hôpital. Pendant plusieurs jours nous allâmes fouiller toutes les criques, tous les îlots du rivage. *Le Jasper* consomma son charbon à nous promener. En définitive, on ne trouva rien, et on en fut pour un assez bon nombre de courses peu intéressantes et assez de fatigues, dont la plus grosse part tomba sur les hommes des embarcations.

Ce fut, du reste, la fin de l'enquête. Il était bien reconnu désormais, à la satisfaction générale, que de tous les désordres dont on avait entretenu les deux gouvernements, aucun, par le fait, n'existait, sauf celui-ci : la présence illégale d'un certain nombre de pêcheurs anglais, sur la côte, entre le cap Raye et le cap Buonavista, où les Français seulement sont autorisés à s'établir. Mais quant aux rapports passés et présents des hommes appartenant aux deux nations, quant à leur douceur, à leur docilité, à leur honnêteté parfaite, il n'y avait que des éloges à faire, et je ne pense pas qu'en aucun pays du monde on puisse voir un spectacle aussi honorable pour l'humanité que celui de l'existence de ces braves gens.

La limite française atteinte, nous cessions d'être chez nous et nous nous trouvions dans les eaux anglaises. Nous fûmes bientôt rendus dans le port de Saint-Jean de Terre-Neuve.

L'entrée en est fort étroite et pendant l'hiver bloquée par les glaces. Dans la belle saison, il y vient un assez grand nombre de bâtiments étrangers, notamment des espagnols qui transportent la morue dans leurs colonies et dans leurs provinces européennes. La ville n'est pas tout à fait aussi considérable qu'Halifax, ni le lieu d'un aussi grand commerce, surtout aussi varié. Néanmoins, il y règne une activité très-grande, et comme c'est là que les pêcheurs anglais des bancs et de toute la côte britannique de l'île apportent leurs cargaisons, des grèves sont établies partout où les maisons n'occupent pas le terrain. La morue s'y étale, y sèche jusque sur les glacis des forts et remplit l'air de ses parfums combinés avec ceux du loup marin. A certains égards, Saint-Jean peut être considéré comme un vaste chauffaut.

Au moins la moitié de la population de la ville est irlandaise, et par conséquent catholique. Cette moitié se décompose ainsi : quelques négociants ou agents d'affaires assez riches, en petit nombre; une certaine moyenne qui a quelque aisance, et enfin à peu près toute la classe pauvre. Les protestants comprennent la majeure partie de la société opulente. Ils ont quelque prétention à se distinguer par une éducation d'un ordre supérieur et des lumières plus considérables. Je n'ai rien remarqué qui justifie tout à fait cette façon de voir. Ce qui est plus certain, c'est que si les catholiques fournissent à peu près la moitié de la population de la ville, il ne s'en faut pas de beaucoup qu'on puisse leur attribuer les deux tiers de celle de l'île. Et comme les Anglicans, non moins suspects aux autres sectes et repoussés par elles, s'unissent d'ordinaire à eux, ils ont la prépondérance presque assurée dans toutes les élections générales.

A Terre-Neuve, comme à la Nouvelle-Écosse et au Cap-Breton, les partis ont essentiellement une couleur religieuse et ce fait leur donne une grande apparence de vivacité et d'acharnement les uns contre les autres. Les journaux ont adopté la coutume américaine des diatribes virulentes. Tout adversaire est le dernier des scélérats, tout partisan des idées qu'on défend est le premier des héros et il faut être un peu fait à ces grands éclats de zèle pour ne pas s'étonner de voir une si forte dépense de grosses paroles s'appliquer à la défense d'un droit de quelques centimes sur la morue et généralement même à beaucoup moins, mais il est de règle que tel personnage est un monstre de noirceur, d'abord parce qu'il est protestant ou parce qu'il est catholique, et ensuite, mais seulement en seconde ligne, parce qu'il voudrait la construction d'un wharf là où on ne la juge pas nécessaire, ce qui renverse toutes les lois divines et humaines.

Le gouvernement de Terre-Neuve est absolument semblable à celui des autres colonies anglaises. L'impôt se vote par une chambre basse composée des membres qu'élisent les habitants de l'île partagés en districts, sauf ceux qui habitent la côte française, lesquels n'ont pas d'existence civile reconnue. Les lois coloniales sont faites par cette chambre et par le conseil, espèce de sénat nommé également à l'élection. Le gouverneur, représentant de la reine, ne saurait rien faire sans le concours de ces deux pouvoirs et c'est dans leur majorité qu'il prend les agents principaux de son administration, ministère responsable devant la colonie. Toutes les affaires sont traitées d'après la méthode constitutionnelle, avec une grande publicité, une grande intervention de la part des journaux, un appel constant à l'appui ou à la méfiance des électeurs, de grandes difficultés pour les ministres et enfin bon nombre de soucis pour le gouverneur.

Celui-ci est à beaucoup d'égards un roi dominé par le pouvoir parlementaire. Mais il a encore des embarras que ne connaît pas un souverain. Tourmenté par les administrés auxquels il fait face, il lui arrive encore constamment d'être pressé par le cabinet de la reine au sujet de telle mesure désirée qu'il ne peut ou ne sait obtenir, et tandis qu'il se débat pour atteindre à ce que ses supérieurs lui demandent, il est dénoncé à Londres par son peuple, comme ne répondant pas aux vœux de la colonie. Si la discussion est grave et s'envenime, il peut lui arriver d'être brusquement rappelé, ce qui excite une vive satisfaction et une expansion turbulente d'orgueil satisfait parmi les colons bien persuadés d'une importance qu'ils mesurent sur les ménagements dont on les entoure. Si, au contraire, les ministres de la reine tiennent bon, soutiennent le gouverneur, maintiennent leur volonté, la colère n'a pas de bornes, on traîne le drapeau britannique dans les ruisseaux des rues, on déclare qu'on va s'annexer aux États-Unis, ou se déclarer indépendants ou toute autre chose du même genre. Il n'y a pas d'exemple depuis une quinzaine d'années que ces manifestations se sont reproduites assez souvent, tantôt sur un point, tantôt sur l'autre, que le gouvernement britannique soit jamais sorti des bornes de la mansuétude la plus patiente. Il a attendu, il a laissé faire, il a paru ne s'apercevoir de rien ; rien ne l'a offensé. Généralement, il est vrai, il lui a toujours fallu céder dans le fait; quelquefois il a pu sauver quelque chose dans la forme et au bout de trois ans, terme légal de leur mission, les gouverneurs sont toujours changés.

Rien n'est curieux comme l'expression des passions coloniales et leur violence. Il y a tel gouverneur, d'une habileté incontestable, d'une intégrité manifeste, dont le nom après plusieurs années qu'il a quitté le pays n'est encore prononcé qu'avec l'adjonction des épithètes les plus injurieuses, simplement parce qu'il n'a pas acquiescé avec assez de déférence à telle ou telle prétention de sa législature. Pas de nation souveraine plus pointilleuse et plus susceptible que ces petites communautés; le peuple romain dans ses comices n'en approchait pas et je ne sais si le peuple américain va au delà.

Un Anglais d'un rang élevé était entré dans une boutique pour y acheter un objet d'usage fort ordinaire, des gants ou quelque chose de semblable. Il se trouva que le marchand était membre de la législature. Reconnaissant son chaland, il lui demanda avec hauteur pourquoi le change était plus élevé dans sa ville qu'il ne l'était à Londres, et comme la personne interpellée restait un peu interdite de cette question, l'homme d'État colonial lui déclara d'une voix brève la ferme résolution de ne pas tolérer plus longtemps une pareille inégalité ; il comptait en faire l'objet d'un vote.

Un certain nombre de gouvernements coloniaux sont très-préoccupés d'un grave défaut de leur constitution qui les humilie fortement. Ils reconnaissent l'omnipotence intacte que leur laisse la métropole dans l'administration de leurs affaires. Ils avouent que les gouverneurs ne sont pas toujours aussi noirs qu'il peut être à propos de le dire et de l'écrire et que, dans tous les cas, c'est un joug qui n'a rien d'intolérable ni surtout de durable. Enfin, ils ne nient pas que les impôts très-légers dont ils se chargent eux-mêmes et qu'eux seuls perçoivent, se dépensent en totalité dans le pays et que, bien loin de leur demander le moindre subside, la couronne se charge encore de beaucoup de dépenses locales et, quand on le lui demande, consent encore bénévolement à contribuer à des créations d'utilité ou d'embellissement. Oui, mais elle accapare les relations avec les cabinets étrangers, et les gouvernements coloniaux, ou plutôt certains de leurs hommes d'État, attacheraient un prix extrême à nouer, à conduire, à dominer des relations diplomatiques.

Il est remarquable combien cette préoccupation singulière, assurément bien inutile dans son objet et cruellement compromettante si elle venait jamais à être satisfaite, est cependant présente à beaucoup d'esprits. Dans les discussions qui s'élèvent constamment au sein de la législature de telle ou telle colonie pour juger et généralement blâmer et morigéner de très-haut les actes du gouvernement métropolitain, on paraît toujours rechercher avec prédilection les questions de douanes, d'importation et d'exportation, non pas précisément par le point où elles affectent réellement les intérêts locaux, mais surtout par les occasions qu'elles fournissent d'exprimer des idées violentes sur un prétendu rapport de la colonie avec tel ou tel cabinet étranger, et même sur la politique générale de ce cabinet. Les hommes les plus populaires se plongent à l'envi dans ces discussions, et alors le public émerveillé peut entendre l'opinion de ses orateurs sur la conduite des grandes cours. L'année dernière un de ces parlements traita une nation d'Europe de peuple à demi barbare, étranger aux plus simples notions de progrès, et son gouvernement fut menacé de mesures sévères s'il ne prenait une marche plus convenable. Il est à craindre que l'avertissement ne produise pas tout son effet faute d'avoir été entendu.

Un patriotisme si hautain, une idée si exagérée

de l'importance locale, des prétentions de toute nature si roides, si superbes, tout en faisant concevoir la possibilité d'une vive agitation dans la politique intérieure, indiquent assez que, comme les petites républiques grecques de l'antiquité, les intrigants sont, dans ces parages, très-puissants, et en état de faire beaucoup de mal un jour. Les négociants riches, les hommes d'affaires occupés, les agriculteurs ont peu de temps à donner à la vie publique, et il en est dans ces colonies comme aux États-Unis : ils s'en tiennent généralement fort loin. Il leur suffit que l'Angleterre administre le pays avec une douceur et une générosité visibles, que les impôts soient insignifiants, les droits de douane fort libéraux et que la sécurité publique soit parfaitement garantie. Ils sollicitent donc assez peu les suffrages de leurs concitoyens. Ce sont les hommes sans grandes ressources, d'esprit turbulent et vaniteux, tourmentés d'ambitions un peu maladives qui recherchent donc le plus ordinairement les places ; et comme les masses populaires appelées à décider de tout, ne comprennent pas très-bien les grandes théories politiques, il devient indispensable de leur parler d'ordinaire le seul langage qui puisse les émouvoir : c'est celui de l'antagonisme religieux. Aux protestants, il faut dire que les catholiques, si on ne les contenait pas, amèneraient un régime d'intolérance ; aux Irlandais, il faut rappeler tout ce que leurs ancêtres et eux-mêmes ont souffert dans la mère patrie.

On réussit ainsi à créer des partis assez fortement organisés. Les dissidents, les puritains se réunissent à certains jours sous la conduite de tel ou tel ministre pour s'en aller par les champs faire des promenades religieuses. On déjeune, on prêche, on dîne, on chante des cantiques, on s'encourage à combattre le bon combat et à rester ferme dans la foi. On déplore le malheur du temps qui consiste à vivre côte à côte avec les papistes idolâtres et, finalement, on prépare les élections de manière à se tenir bien uni contre ces adversaires.

Mais, il existe des divergences entre les différentes sectes. Elles se méprisent sincèrement entre elles, et d'autant plus que des nuances plus imperceptibles les séparent. C'est une œuvre difficile que de les maintenir dans les mêmes rangs. Il y faut une grande dépense de promenades, de dîners religieux, de sermons, de conciliabules et de concessions.

Du côté des catholiques les choses ne se passent pas ainsi. A part quelques descendants des Français et un certain nombre d'Écossais venus des Hautes-Terres presque tous sont Irlandais d'origine. Par habitude, par instinct, ils naissent avec un chef tout trouvé et dont ils ne discuteront jamais tant qu'ils vivront l'autorité imprescriptible. Ce chef, c'est leur évêque, et les prêtres sont les lieutenants naturels de ce juge suprême de tous les intérêts temporels aussi bien que spirituels.

Dans les autres pays de la chrétienté, dans les contrées les plus catholiques de l'Europe, les âmes les plus ferventes se réservent une certaine part de libre arbitre pour la conduite de leurs intérêts mondains. Les Irlandais du nouveau monde, pris en masse, n'en conservent aucune. L'évêque et ses prêtres sont leurs maîtres. Ils rapportent à cette décision sacrée, tout, depuis les querelles du ménage jusqu'aux combinaisons électorales, et plus la population catholique est pauvre, plus cette disposition des esprits est absolue, car elle se fortifie alors de ce fait concluant : elle vit, en grande partie, des aumônes que distribue l'évêque, et se presse autour de lui comme autour d'un père nourricier. Cependant l'évêque ne reçoit de l'État ni de la colonie aucun traitement. Tout ce qu'il a, il le tient du don volontaire de ces mêmes ouailles dont la plus grande partie lui tend la main grande ouverte pendant tout le courant de l'année.

L'évêque de Saint-Jean de Terre-Neuve, notamment, peut passer pour un des riches prélats de la catholicité. Ses revenus sont considérables, et se fondent, pourtant, presque uniquement sur la vente du poisson. Les contributions des fidèles arrivent sous cette forme, et le plus misérable pêcheur préférerait prendre sur la portion destinée à la nourriture de sa famille que de diminuer la portion qu'en son âme et conscience il croit devoir réserver à son premier pasteur.

Il apporte son tribut en nature, et l'évêque le fait vendre, et comme il se trouve ainsi annuellement en possession de cargaisons considérables, il en résulte qu'indirectement il représente la plus forte maison de commerce de la colonie.

Mais s'il a de grands revenus, il a aussi de grandes charges. Je viens de dire que la partie pauvre de son troupeau recevait ses aumônes; elle s'y confie même si absolument que, sur plus d'un point, elle ne sent pas même la nécessité de travailler. L'évêque est là pour la nourrir, et elle le récompense par un dévouement tellement entier, tellement aveugle, qu'il serait imprudent au plus haut degré, à quelque autorité que ce soit, de se mesurer avec un chef populaire aussi vénéré, aussi sûr d'être servilement obéi.

Ce n'est pas tout encore. Mgr de Saint-Jean a bâti de ses deniers, au point culminant de la ville, une vaste cathédrale en pierres, d'un goût un peu contestable, mais imposante par la masse, la solidité, les dimensions, et décorée à l'intérieur avec une profusion d'ornements qui atteint à la magnificence, sinon à la beauté.

Il a établi à côté son palais épiscopal où il réside

avec ses prêtres, deux couvents de religieuses, un collége, et cette cité ecclésiastique, qui semble regarder dédaigneusement la ville marchande et même les forts établis au-dessous d'elle, est comme un emblème de la suprématie incontestable que l'évêque de Saint-Jean exerce sur toute la contrée.

Ce serait en retracer une image incomplète que de la représenter sous la couleur uniquement religieuse. Cette suprématie s'appuie également, et avec beaucoup de franchise, sur l'idée de la nationalité irlandaise, mise en opposition avec la race anglo-saxonne. Saillant des murailles du couvent, des sculptures montrent l'effigie d'anciens rois d'Irlande ; sur le pavillon épiscopal, la croix est verte, couleur de l'antique Érin, et s'unit à la harpe, symbole du pays de saint Patrice. Des allusions fréquentes, constantes, passionnées au souvenir du passé, entretiennent un patriotisme déjà fortement enraciné dans tous les cœurs chez une race singulière qui n'a ni la faculté de rien oublier, ni celle de se corriger d'aucun des défauts, source de ses malheurs. Partout, aux colonies du Nord-Amérique, comme dans l'Australie, comme aux États-Unis, elle porte cette gaieté un peu insouciante qui la fait ressembler, à certains égards, aux lazzarones napolitains : sa bravoure étourdie, son imprévoyance, son manque absolu de tout principe sérieux, son dévouement facile et entier, son esprit d'aventure et son vif amour de toutes les jouissances, enfin ces traits si multipliés, si divers d'une nature séduisante à l'extrême, souvent médiocrement estimable, et qui l'ont rendue et la rendront jusqu'à la fin l'antipode de l'esprit anglais.

Quand viennent les élections, l'évêque décide naturellement des candidats qui seront élus. Pendant le cours des sessions, il ne dissimule ni son approbation ni son blâme touchant l'action des catholiques et la marche des affaires. Quand une mesure importante préoccupe l'esprit public, il emploie la voie des journaux pour faire connaître son sentiment personnel, et s'agirait-il d'une question de tarif, d'un chemin à construire ou de tout autre intérêt analogue, une fois qu'il a parlé, ce qui est catholique sait ce qu'il faut croire et dire. Pour trouver dans les faits européens une analogie avec une telle situation, on doit remonter au moins au douzième siècle.

Mgr M***, évêque de Saint-Jean, est un prélat parfaitement digne du pouvoir qu'il exerce. Un esprit ferme et entreprenant, hardi et modéré, mais surtout capable de conduire jusqu'au bout les résolutions les plus extrêmes, une imagination vive, une érudition solide rapportée d'Italie où il a fait ses études, le placent, non moins que sa haute dignité, à la tête de sa nation. D'une simplicité de mœurs complète, employant tout son revenu à de grandes créations ou à des aumônes, il est redouté, sans doute, mais non moins vénéré des protestants eux-mêmes. Son activité est prodigieuse. Il sait mener de front la construction de ses édifices, l'administration des couvents et du collége, les affaires spirituelles de son diocèse, l'intérêt de chaque jour qu'il porte aux affaires de la colonie et ses constantes visites pastorales, et la composition de nombreux écrits. Le respect qui l'entoure, et les manifestations de ce respect ne sont pas inférieurs à ce que les souverains peuvent prétendre, et le prélat a quelque chose de leur majesté. Profond, m'a-t-on dit, dans les connaissances théologiques, il porte dans la discussion des idées appartenant à l'économie politique et à l'avenir des pays américains, une connaissance des faits, un esprit de discernement, une fermeté de vues qui appartiennent certainement à une intelligence du premier ordre. J'ai vu plus d'un meneur du parti catholique, incertain d'être blâmé ou approuvé par lui, l'approcher avec une crainte visible. Ce sont là des nouveautés tout à fait remarquables pour un observateur européen.

Dans le temps que nous étions à Halifax, le siége archiépiscopal de cette ville était vacant. Le dernier titulaire, mort depuis peu, avait laissé des regrets universels, et, bien que son autorité ne fût pas auss évidente, aussi en dehors que celle de Mgr M*** à

Terre-Neuve, il paraît qu'elle n'était guère moins considérable en fait, et que son successeur aura recueilli un puissant héritage. Car je l'ai déjà dit, les dispositions et les sentiments des catholiques sont partout les mêmes dans ces contrées.

Mais je ne dois pas oublier que si j'ai parlé ici de la situation des catholiques et de leurs chefs dans les colonies anglaises du Nord-Amérique, c'est principalement au point de vue des partis politiques. En ce moment, où il me reste peu de chose à ajouter à la description du pays, je vais continuer ces observations.

Les dispositions ambitieuses des parlements coloniaux, qui les portent à ne pas se contenter d'une situation cependant idéalement bonne, et qu'aucune combinaison différente ne vaudra jamais, à coup sûr, n'auraient peut-être pas de grandes conséquences dans l'avenir tant elles sont visiblement peu raisonnables, sans deux faits qui leur donnent une portée toute particulière.

Je viens d'indiquer le plus général : c'est l'antipathie irréconciliable des émigrés irlandais pour l'Angleterre, et, qui plus est, la façon dont cette antipathie s'accroît dans les générations nouvelles qui ne reçoivent cependant que des bienfaits de cette ancienne ennemie. Mais l'imagination irlandaise ne pardonne rien. De sorte que la vanité locale d'un côté, l'aversion de race de l'autre, rendent la métropole de plus en plus impopulaire dans ses colonies. Cependant, si celles-ci ne consistaient que dans le territoire de la Nouvelle-Écosse, de l'île du Prince-Édouard, du Cap-Breton, du Nouveau-Brunswick, de Terre-Neuve, ces velléités auraient grand'peine à jamais rien produire de considérable, et il ne serait pas difficile au cabinet de Londres de maintenir sa suprématie. Les populations sont partout si faibles dans ces territoires, le sol y est généralement si peu fécond, la richesse si médiocre, qu'il n'y aurait pas tendance sérieuse à se soustraire à une domination dont on ne pourrait jamais nier les côtés avantageux ; mais le Canada existe, et c'est vers ce point que se dirigent les regards comme étant le centre de ralliement nécessaire de toutes les colonies de ces parages.

Il ne m'a pas été possible, malheureusement, de visiter cette région remarquable à tant d'égards. Dans les colonies anglaises, on la considère, et avec raison à ce qu'il semble, comme un foyer de richesses et de connaissances qui ne pourront que s'accroître avec le temps. Le sol y est généralement fertile, le commerce et l'industrie s'y montrent très-développés, et, autant que j'ai pu en juger par les livres et les journaux qui en proviennent, le niveau intellectuel y est sensiblement plus élevé qu'aux États-Unis.

La rivalité ancienne qui existait entre le haut et

le bas Canada, entre les populations d'origine française et celles venues d'Angleterre, paraît avoir presque complétement disparu par le seul fait de l'égalité de droits et de situation accordée à tout ce peuple. Il n'y est plus question, comme vingt ans en çà, de s'unir aux États-Unis, et l'opinion publique s'est tellement transformée à cet égard, que les derniers chefs du parti qui autrefois menaçait la couronne d'Angleterre de rechercher cette annexion, sont aujourd'hui abandonnés de tout le monde et complétement obscurs. Des alliances de famille multipliées tendent à confondre de plus en plus les origines, et, il y a deux ans, une grande manifestation publique est venue, en quelque sorte, enterrer tous les souvenirs hostiles. Un monument a été élevé aux morts français et anglais de la bataille de Québec, et les discours prononcés en cette circonstance, en présence des autorités et des troupes anglaises, ont célébré la gloire des deux armées, et salué la mémoire des pères communs de la patrie.

Dans cette situation prépondérante et prospère, le Canada attire donc les espérances et les sympathies de tous les autres territoires qui, à différentes reprises, ont manifesté le désir d'y être réunis et de voir succéder à leur organisation actuelle une nouvelle constitution en vertu de laquelle elles seraient toutes représentées par un parlement unique, siégeant à Québec ou à Montréal, et à côté duquel serait placé un vice-roi de l'Amérique anglaise.

Comme les contrées ainsi réunies donneraient à peu près une population de cinq millions d'âmes et un espace aréal beaucoup plus étendu que celui de très-puissants empires, l'opinion publique voudrait que la dignité nouvelle fût conférée à un prince de la maison royale, et, par conséquent, entourée d'un éclat qui ne pourrait que rejaillir sur toutes les positions officielles, sur le parlement et sur l'ensemble de la nation elle-même.

Ces projets ne sont pas le vœu de quelques esprits isolés, ni d'un parti. Avec les modifications, les amendements que chacun, à sa convenance, voudrait y apporter, ils appartiennent à la masse des populations. Ils flattent l'orgueil, les vanités, les intérêts, les ambitions locales, ils ont été conseillés et le sont encore journellement dans les livres, les journaux, les brochures, et ont été plusieurs fois l'objet de propositions directes au gouvernement de la reine, qui, jusqu'ici, a ajourné sa décision par des motifs qu'il est aisé d'apprécier et dont on ne peut que comprendre la sagesse.

Il est assez évident que si de petits pays isolés et sans force, comme le sont les colonies anglaises prises individuellement, se trouvaient un jour réunis en un puissant faisceau, ils deviendraient d'autant plus difficiles à mener et à contenir, qu'ils le sont déjà aujourd'hui. Leur prospérité s'accroîtrait sans nul doute; mais, en même temps, leur population, et avec la population le désir et la possibilité de se faire absolument indépendants. Les colonies anglaises sont très-peu portées d'affection pour leurs voisins des États-Unis. Nulle part je n'ai entendu dire autant de mal de ce dernier peuple; nulle part je ne l'ai entendu juger aussi sévèrement. Il y a quelquefois de la justice dans les reproches qui lui sont adressés, mais souvent aussi de la jalousie, et les colons anglais n'admettent pas sans amertume que leurs frères aînés soient une puissance indépendante, tandis qu'ils en sont encore réduits, et ils s'en trouvent humiliés, à n'être qu'une annexe fort heureuse à la vérité, mais pourtant subordonnée à la métropole. Dans de tels sentiments, on est en droit de se demander si une vice-royauté de cinq millions d'âmes ne chercherait pas bientôt à se constituer d'une manière encore plus individuelle.

Quels que soient les vœux de ces contrées, il est vraisemblable que le gouvernement britannique y résistera de son mieux; mais comme une idée de ce genre, une fois éclose ne s'abandonne pas volontiers, que la nature même des institutions coloniales, en garantissant l'exercice d'une véritable indépendance de fait les nourrit, que l'aversion irlandaise recherche avec passion tout ce qui est de nature à affaiblir la couronne, que les protestants riches y voient un avenir de plus grande prospérité matérielle, que toutes les classes enfin s'en font une question de patriotisme et en quelque sorte d'honneur ; que d'autre part, le gouvernement anglais répugne singulièrement à résister au delà d'une certaine limite, aux idées de ses colonies, il est difficile d'admettre que cette révolution ne s'accomplisse pas dans un temps qui ne saurait être fort éloigné.

Il ne serait pas impossible toutefois que Terre-Neuve ne fût maintenue en dehors d'une telle combinaison. Si l'on excepte Saint-Jean, il n'existe pas dans cette île un point de quelque valeur eu égard à la population. Le terroir est d'une stérilité sans remède. On n'a jamais pu réussir à coloniser aucune partie de l'intérieur, qui est resté aussi désert qu'aux premiers temps de la découverte, considération qui paraît péremptoire ; le voisinage où cette île se trouve de l'Irlande, sa situation dans le golfe Saint-Laurent lui donnent une importance au point de vue stratégique dont il est difficile d'admettre que l'Angleterre puisse faire aisément abstraction. On paraît même avoir déjà commencé à fortifier Belle-Isle, afin de s'assurer en tout état de cause la domination du détroit, et, partant, une sorte d'autorité militaire dans le golfe.

Quoi qu'il en soit, en retranchant ou en réunissant

Terre-Neuve, l'ensemble des colonies anglaises du Nord-Amérique semble marcher vers une situation qui peut modifier considérablement l'avenir des pays américains, et, à ce titre, ces régions sont plus dignes que jamais de fixer l'attention des esprits sérieux.

CHAPITRE XI.

Saint-Jean et les pêcheries.

Le Gassendi fut comblé de prévenances à Saint-Jean comme il l'avait été à Halifax, et l'hospitalité coloniale nous donna là autant de preuves de sa cordialité que nous en avions reçu ailleurs. Sans aucune différence de partis, catholiques et protestants se montrèrent pour nous empressés et pleins d'accueil. Nous avions d'autant plus lieu de le remarquer et d'en être reconnaissants que l'affaire des pêcheries et l'antagonisme fâcheux que des malentendus multipliés avaient réussi un instant à faire naître, constituaient à Saint-Jean un intérêt très-vivant et dont chacun s'était fort préoccupé. Mais, avec une rectitude d'idées et une justesse d'esprit qu'on ne saurait trop reconnaître, la population tout entière n'avait pas tardé à comprendre que la vérité lui avait été voilée. Elle accepta fort bien, quand elle en eut les preuves, ce fait évident que la France ne voulait rien de plus que l'état séculaire de choses qui jamais ne lui avait porté préjudice, et on oublia de toutes parts des préventions reconnues mal fondées, dont on nous avait d'ailleurs exagéré la nature, et qui ne se manifestèrent en aucune façon pendant notre séjour. On tint même beaucoup, et avec une sorte de coquetterie aimable, à ne pas nous laisser le plus léger doute à cet égard. On chercha une occasion de nous le faire comprendre, et on la trouva dans un bal que notre collègue, l'honorable M. K***, secrétaire colonial, donna quelques jours après notre arrivée.

On aime beaucoup les discours publics à Saint-Jean, comme dans toute l'Amérique du Nord, ou pour mieux dire, comme dans tous les pays anglais, et pendant que les jeunes demoiselles et les officiers des navires et de la garnison recommençaient à danser après le souper, notre hôte portant la santé de l'empereur et de la reine, développa son toast en un véritable discours parlementaire des plus propres à fonder sur de nouvelles bases la concorde des deux nations.

Un des assistants lui répondit avec la même solennité, le remercia des appréciations excellentes qu'il voulait bien communiquer à ses concitoyens, et passa la parole à un autre orateur qui, abrité derrière un autre toast, mania non moins habilement la parole, en mêlant à des considérations sur les pêcheries certaines allusions à la politique locale, dont toutes n'étaient pas également transparentes pour nous, mais qui nécessitèrent encore des toasts et des discours. On finit par s'attendrir assez généralement, et je ne crois pas outre-passer la vérité en disant que quelques larmes tombèrent dans les verres.

Mais ce fut surtout à l'occasion du 15 août que la population, cette fois tout entière, donna aux Français des marques éclatantes de sa sympathie et de son bon vouloir.

Mgr de Saint-Jean avait bien voulu mettre sa cathédrale à la disposition des commissaires impériaux. Le pavillon britannique et le pavillon français flottaient sur les deux tours, séparés par les couleurs épiscopales, la croix verte et la harpe d'Irlande. Les équipages du *Gassendi* et du *Ténare* formaient la haie, et les états-majors, en grande tenue, trouvèrent place dans le chœur avec les officiers catholiques de la garnison. Poussant plus loin encore la courtoisie, Mgr M*** avait voulu que son palais fût le lieu de réunion des personnes notables invitées à cette fête, et il avait fait disposer son salon à cet effet. Dans l'église, une foule compacte se pressait de toutes parts, accourue des districts voisins de Saint-Jean, et observait un silence et un respect merveilleux. Quand le cortége sortit de l'église, la foule fit sauter en l'air les bonnets et les chapeaux, et tandis que les salves d'artillerie tirées par les navires français et anglais et par les forts se succédaient, ce qui dura toute la journée, que les bâtiments de commerce se montraient pavoisés avec un zèle tout spontané, le moindre de nos hommes qui apparût dans les rues fut entouré et salué par des hourras d'enthousiasme. Bref, une ville dont on nous avait dépeint les sentiments comme assez peu favorables à la France, nous témoigna, dans tous les rangs de la société, une bienveillance et une confiance égales à celles que nous avions observées pendant tout le cours de notre voyage sur la côte française de la part des pêcheurs anglais.

Comme à Halifax, notre temps se passa en fêtes. Mgr M***, le gouverneur, sir Alexandre B***, le général L***, voulurent nous recevoir tour à tour. Nos collègues eux-mêmes ne se piquèrent pas d'un moindre empressement, et si M. K*** nous fit assister à un bal qui nous donna occasion de remarquer combien la ville comptait de belles personnes, le capitaine D*** renouvela les mêmes impressions en nous invitant à son bord avec toute la société de Saint-Jean.

Enfin, rassasiés de plaisirs, et pressés par la saison

qui s'avançait, bien fournis de souvenirs agréables et de motifs de gratitude, nous quittâmes la capitale pour terminer le tour de l'île en nous rendant dans la baie de Burin, située non loin de notre propre établissement de Saint-Pierre et Miquelon. Cette partie de l'île est la plus peuplée, et le commerce de *boîtte* ou appât qui s'y fait, lui assure une certaine aisance. Rien n'y diffère d'ailleurs de ce que nous avons vu sur les autres points, sinon l'absence de Français. C'est à peu près le même genre de vie, quoique régularisé par la présence de magistrats, de prêtres, de tout ce qui constitue l'état normal d'une société. Cette partie de l'île souffrait alors de la présence d'un cruel fléau qui n'y sévit que trop souvent. Une épidémie d'angine couënneuse s'était établie sur quelques points, et enlevait particulièrement les enfants. Quelques maisons où le mal faisait plus de ravages étaient tenues dans une espèce de quarantaine.

Notre visite terminée, nous devions prendre congé de nos collègues anglais, et ce fut là que nous nous séparâmes. Nous avions fait ensemble une assez longue expédition, et, sans nul doute, elle avait été singulièrement facilitée et même égayée par les excellentes relations qu'il nous avait été donné d'entretenir avec eux. Au lieu d'adversaires, nous avions eu le bonheur de rencontrer des amis et des hommes dont la loyauté et la droiture d'intention ne s'étaient pas démenties un seul instant. Nous prîmes congé d'eux avec un vif regret et non sans conserver l'espérance d'être encore réunis quelque jour. Ensuite nous nous dirigeâmes vers Saint-Pierre, tandis que *le Ténare* allait retourner à Saint-Jean de Terre-Neuve.

La France a jadis possédé tous ces domaines que l'Angleterre occupe aujourd'hui. Elle les a possédés non-seulement par droit de conquête, mais, la plupart, par droit de découverte, et un esprit occupé de la gloire de son pays ne saurait oublier que le Malouin Jacques Cartier fut le premier à reconnaître les eaux du Saint-Laurent et à s'aventurer dans ce fleuve immense.

Mais tous les peuples ont fait des découvertes, tous ont entrepris et mené à fin des conquêtes, tous, aussi, ont eu leurs jours de malheurs et de revers. Ce serait s'abandonner au plus banal et au plus inutile de tous les regrets que de jeter encore un regard attristé sur des possessions anciennes qui, en réalité, ne nous ont jamais rapporté quoi que ce soit et dont la restitution, si on songeait jamais à nous la faire, devrait être repoussée comme un désastre.

Aussi n'est-ce pas en tant que propriété perdue que je m'arrête à y penser, mais comme étant, par une particularité singulière, le point du globe où la gloire française, bien que stérilement acquise, a été, à certains égards, sinon la plus grande, du moins la plus pure, et, comme on dit, la plus chevaleresque.

Nos premières entreprises dans ces contrées n'ont été ni faites ni même connues par le gouvernement. Elles ont eu pour auteurs quelques pilotes audacieux et des cadets de famille à la recherche des aventures. C'était au seizième siècle et au commencement du dix-septième, quand la nation avait encore conservé une ardeur dévorante que les guerres religieuses n'avaient pas réussi à épuiser, et que l'ordre renaissant dans l'État devait nécessairement contrarier.

En 1578, Dominique de Gourgues s'en allait pour son propre compte, avec trois navires, faire la guerre aux Espagnols de la Floride. Après la victoire, les volontaires qui l'avaient suivi, et parmi lesquels un des miens eut l'honneur de se trouver, ne revinrent pas tous en Guyenne. Une bonne partie se dirigea vers le Canada. Dans le même temps, d'autres, Basques, Gascons ou Normands, se répandaient dans tout le Nord-Amérique, sur des navires qui méritaient à peine le nom de barques, et s'établissaient avec leurs bandes sur le point du territoire qui leur convenait le mieux. Le bâtiment qui les avait apportés repartait pour la France, d'où il devait revenir avec l'année qui suivait, mais tantôt il sombrait en route, tantôt il ne pouvait rassembler les ressources sur lesquelles on avait compté, et de deux expéditions, une seule à peine réussissait à traverser les terribles phases de famine et de froid qu'elle était venue braver, et à se maintenir jusqu'à ce que les secours espérés lui arrivassent.

On peut assez se figurer ce que devait être l'existence dans ces petits forts construits à la hâte au bord de la mer, où huit à dix hommes résolus, et quelquefois moins, vivaient de misère en attendant une délivrance incertaine et se soutenaient par l'espoir de conquérir un jour une vie libre, large et opulente, et surtout, il faut bien le dire, par la passion d'aventures qui les dévorait.

Ils étaient entourés de sauvages, mais la faiblesse même de leur nombre leur avait imposé dès l'abord la loi de traiter les indigènes avec modération et douceur, et de ne pas tenter sur eux des entreprises violentes. Les rapports furent donc généralement amicaux. Les tribus de la côte, sauf de rares exceptions, accueillirent bien les nouveaux venus auxquels ils rendirent d'assez grands services ; souvent ils les sauvèrent des rigueurs du climat et des chances terribles de l'abandon, et ainsi s'établit une confiance mutuelle, des rapports journaliers qui facilitèrent singulièrement la tâche des missionnaires hardis qui, sur la nouvelle de la découverte de terres inconnues peuplées de païens, allèrent rejoindre les aventuriers.

C'étaient, pour la plupart, des pères récollets. Dans les temps qui suivirent, les jésuites prirent part à leurs travaux, surtout au Canada, et s'efforcèrent d'appliquer dans ces vastes contrées les principes de gouvernement qu'il leur fut donné d'essayer avec plus de succès au Paraguay. Soutenus par le cabinet de Louis XIV, ils agirent avec un ensemble de vue réellement imposant, peut-être mal calculé pour les lieux, peut-être impropre à servir tous les intérêts dont la surveillance trop directe était le but de leurs efforts, mais incontestablement remarquable par une grande et puissante logique dans l'application.

Les pères récollets ne firent rien de semblable. Ce furent des missionnaires et des apôtres, dans l'ancien sens du mot. Sans organisation politique, sans autre plan que celui de répandre la foi et de convertir les sauvages à leurs risques et périls, tantôt on les voyait, dans les postes français, soigner les malades et partager tous les dangers, toutes les fatigues, toutes les souffrances des vaillants pionniers dont ils s'étaient faits les compagnons, tantôt, parcourant seuls et isolés les territoires indiens, habitant les wigwams des tribus, très-souvent s'y établissant pour toujours, et, devenus compatriotes de leurs ouailles, ne plus conserver des idées de leur jeunesse que la passion du prosélytisme et les vertus de leur état.

Ces pauvres récollets ont fait un bien incalculable. Ils ont exercé sur les indigènes une influence dont les traces se voient encore aujourd'hui. Plusieurs d'entre eux, devenus savants dans la connaissance des dialectes indiens, ont laissé sur ces matières peu connues des travaux manuscrits considérables. L'invention d'un alphabet approprié à la nature des idiomes auxquels il devait s'appliquer, leur a même servi à répandre une certaine somme de lumières. Il n'y a pas à douter que si, dans les temps malheureux qui ont suivi la conquête anglaise, les Indiens sont restés fidèles à la religion qui leur avait été prêchée, il le faut attribuer en grande partie à l'impression profonde qu'ils avaient reçue de la bonté, du dévouement, des vertus inouïes de ces humbles pères. Ils s'en rappellent encore, et à ne parler qu'au point de vue de la gloire humaine, à laquelle les récollets ne songeaient assurément pas, il est difficile d'imaginer un succès plus complétement obtenu.

Cependant, les aventuriers français n'étaient pas seuls à parcourir le pays. Tandis qu'ils y fondaient des établissements qui commençaient déjà pour quelques-uns à prospérer, et que nos anciennes expéditions de pêche s'appuyaient sur des bourgades créées au bord de la mer, les Espagnols d'une part, les Anglais de l'autre, cherchaient à établir aussi leur puissance dans ces parages et déployaient une activité et une audace qui ne le cédaient pas à celles de nos gens.

Graduellement, les Espagnols disparurent de la scène, mais les Anglais y restèrent, s'y fortifièrent, et toutes ces contrées devinrent le théâtre d'une multitude de luttes locales d'autant plus acharnées que le plus souvent elles n'avaient d'autre cause que des haines personnelles entre les différentes bandes, les différents chefs, et résultaient plutôt d'une antipathie nationale, d'une rivalité irréfléchie que d'un système politique bien coordonné et sincèrement voulu par des autorités dirigeantes. Nous avions nos tribus alliées parmi les indigènes; les Anglais eurent aussi les leurs. Nous avions nos ports de pêche, ils en fondèrent aussi. Nous poussions bien loin dans l'intérieur du Canada, de la Nouvelle-Écosse, de Terre-Neuve nos expéditions de chasse, et nous semions un peu au hasard nos entrepôts pour la traite des fourrures. Ils nous imitaient consciencieusement en tout ceci. On pouvait à Paris ou à Londres combiner, en certains moments, un système de frontières et de limites. Sur les lieux, on ne tenait aucun compte d'idées semblables, et des deux côtés on risquait des expéditions lointaines, on exécutait des prises de possession de territoires sans se soucier de ce que les gouvernements métropolitains en penseraient.

L'omnipotence d'une administration centrale

était alors en France une chose assez nouvelle. Si on y obéissait, c'était moins par conviction que par faute de moyens d'y résister. Mais dans ces mers lointaines où les ordres de la cour ne parvenaient que de loin en loin, non-seulement les gouverneurs généraux suivaient à peu de chose près les seules impulsions de leur volonté, et recevaient souvent avec une égale indifférence les ordres et les contre-ordres qui leur arrivaient d'Europe, mais surtout les chefs des partis isolés et lointains se conduisaient, à très-peu de différence près, comme l'avaient fait les seigneurs féodaux des pays frontières, attaquant qui et comme ils le jugeaient bon et ne répondant de leurs actes à personne.

Cette situation, ou, si l'on veut, cette anarchie, était surtout poussée aux dernières limites dans l'île de Terre-Neuve. La stérilité presque absolue du terroir avait arrêté jusqu'à la pensée d'y fonder jamais des établissements agricoles sérieux. La pêche y restait la grande et presque unique préoccupation. Les Anglais avaient établi leur siége principal à Saint-Jean qui est demeuré capitale de l'île. Les Français considéraient Plaisance, située dans la baie de ce nom, comme leur place d'armes, mais les uns et les autres se répandaient à leur gré sur tout le pourtour de l'île et dans les bois de l'intérieur, cherchant à établir des points fortifiés où il leur plaisait, attaquant, brûlant, quand ils le pouvaient faire, ceux de l'ennemi, et opérant avec des forces si peu considérables et tellement au hasard, qu'on a vu les Anglais de Saint-Jean marcher pour surprendre Plaisance, dans le temps même que de Plaisance tous les habitants disponibles partaient pour enlever Saint-Jean, et les deux entreprises réussirent également au grand étonnement des vainqueurs.

Ce qu'on appelait dans ces parages une grande expédition, se pouvait résoudre avec d'autant plus de rapidité et se renouveler d'autant plus souvent que les ressources dont on disposait de part et d'autre étaient très-faibles. C'était une armée redoutable que celle dont les forces atteignaient à cinquante Européens, soutenus de deux cents sauvages. On cheminait à l'indienne, à travers les bois, portant à dos les munitions de toute espèce et les pirogues nécessaires pour traverser ou descendre les cours d'eau; on cherchait à se surprendre réciproquement et dans le combat et après la victoire, on se traitait avec le plus singulier mélange de courtoisie, de générosité chevaleresques et de barbarie indigène.

Les hommes formés à ce genre de vie ont été souvent remarquables au plus haut degré. A la bravoure la plus froide beaucoup d'entre eux, et particulièrement le chevalier d'Yberville, qui a laissé un grand nom, joignaient une intelligence supérieure dont les traces se montrent dans leurs communications écrites avec le gouvernement de Louis XIV. Mais il faut bien l'avouer : à juger des choses au point de vue de l'utilité matérielle dont les établissements du Nord-Amérique pouvaient être jamais à la puissance française, il y aurait eu beaucoup d'objections à soulever avant d'accepter les sacrifices que la métropole songeait quelquefois à s'imposer pour rendre plus fructueuse l'exploitation de ces fondations lointaines. Il est difficile de douter que si nous avions réussi à nous y maintenir, nous n'eussions fait autre chose que nous préparer à nous-mêmes des embarras et des pertes analogues à celles que l'Angleterre a dû subir lors de la révolte des États-Unis, et dont elle n'aura pas épuisé la série tout entière tant qu'il lui restera une grande colonie.

La particularité dominante de l'histoire des contrées nord-américaines est celle-ci, que, pendant toute la durée de notre occupation, la guerre n'y a jamais cessé. En vain les deux gouvernements de France et d'Angleterre vivaient en Europe dans une paix profonde et donnaient leurs ordres en conséquence aux établissements respectifs du nouveau monde, toute l'Acadie et Terre-Neuve voyaient les guerres partielles, les insultes de poste à poste se poursuivre sans discontinuer. Pendant la durée entière du règne de Charles II, qui assurément n'avait pas des idées agressives à l'égard de la politique de Louis XIV, il fut impossible d'arrêter les hostilités, et, de Londres comme de Paris, les ordres les plus péremptoires et quelquefois les châtiments les plus durs tombèrent inutiles au milieu de cette mêlée. En fait, les gouvernements d'alors, dans toute leur puissance, ne disposaient pas des moyens nécessaires pour régir à leur gré les possessions transatlantiques, et l'on était encore trop près du moyen âge pour que les notions d'indépendance personnelle et de liberté turbulente qui s'étaient conservées dans la noblesse, fussent encore faciles à réprimer partout.

Les guerres de la Succession amenèrent pour la France des temps désastreux, qui pesèrent principalement sur nos territoires américains. Nous perdîmes des pays immenses, et quand on traita de la paix à Utrecht, nous n'avions plus conservé en réalité qu'une ombre de notre puissance évanouie. Cependant Terre-Neuve nous restait dans les limites où nous y avions toujours exercé nos droits, c'est-à-dire que nos gens s'y maintenaient en aussi grand nombre que par le passé, y possédaient les mêmes établissements, continuaient à surprendre les postes ennemis et à être surpris par eux, et pêchaient comme à leur ordinaire sur tous les points du pourtour de l'île indifféremment. La guerre n'avait pas autant favorisé les Anglais dans ces parages.

Il ne fallait pas chercher la raison de cette situation particulière dans la façon plus habile ou plus heureuse dont la métropole avait protégé ses enfants. Tout au contraire. Terre-Neuve, qui ne rapportait rien que les avantages de ses pêcheries et où l'on n'avait pas songé à établir des forteresses, avait été peu soutenue et rarement ravitaillée. Mais les Français s'y étaient maintenus, grâce particulièrement à la stérilité du sol, qui leur permettait d'abandonner sans beaucoup de regrets les points momentanément trop exposés et à en créer d'autres sans plus de peine. Il faut dire aussi que si l'on n'avait pas à Paris de grandes raisons pour aider à défendre Terre-Neuve, de la même manière on n'en avait pas non plus à Londres pour dépenser beaucoup de forces à en expulser nos gens. Ce fut dans cette situation que s'ouvrit le congrès d'Utrecht; où la plus grande partie des conquêtes d'outre-mer faites sur nous fut reconnue et acceptée, de telle sorte que notre situation dans le Nord-Amérique se trouva complétement modifiée pour l'avenir.

Nous avions rêvé dans ces parages l'établissement d'une nouvelle France ; nous fûmes réduits à n'y plus voir désormais que l'intérêt de nos pêcheries. Le Cap-Breton ne nous fut laissé que parce que nous en démontrâmes la nécessité à ce point de vue, et désormais ce ne fut plus une terre quelconque qui dût nous préoccuper, mais bien en vérité, et en première ligne, le grand Banc et les opérations secondaires que nos armateurs pourraient y joindre. L'intérêt que nous portions au Nord-Amérique cessait absolument d'être colonial, agricole, industriel. Il se bornait à n'être plus que commercial et surtout maritime.

Ce second point de vue l'emportait encore sur le premier, comme il l'emporte aujourd'hui. Personne ne méconnaissait l'importance d'une exploitation que son ancienneté rendait d'ailleurs chère à l'orgueil national, qui faisait le plus grand honneur à l'intrépidité et au dévouement de nos gens de mer, et qui était en réalité la pépinière des meilleurs matelots dont nos vaisseaux de guerre pussent se peupler. Il valait mieux cent fois pour nous perdre des territoires si riches qu'on pût les supposer que de laisser péricliter une pareille école navale. Avec les uns on nous dépouillait à la vérité d'espérances fort brillantes, mais qui, après tout, auraient pu ne jamais se réaliser et qui, dans tous les cas, coûtaient fort cher; avec les autres, nous conservions l'avantage immédiat, évident, indispensable, de rester une grande puissance maritime. Tous les efforts de nos négociateurs s'appliquèrent donc, en 1713, à sauvegarder, à consolider cette situation, jugée inestimable.

Dans cet ordre d'idées, le maintien de nos droits territoriaux à Terre-Neuve ne laissait pas que de constituer un embarras éventuel. Les événements passés suffisaient pour établir assez clairement combien il serait difficile, une fois la paix signée, de faire tenir en repos la population de l'île. On en pouvait induire sans peine que bientôt des conflits surgiraient avec de nouvelles complications, et qu'il n'en résulterait que la nécessité de dépenses considérables pour se défendre dans une île, en elle-même sans valeur.

On prit donc la résolution fort habile de se défaire d'un tel fardeau aussitôt qu'on en trouverait une occasion favorable, et on n'attendit pas longtemps.

Il y eut lieu, dans le cours des négociations, de regagner le bon vouloir des ministres de la reine Anne. On leur offrit Terre-Neuve; ils l'acceptèrent avec empressement. La situation parlementaire leur rendait précieuse, à ce moment, une concession dont ils ne pouvaient apprécier les véritables causes, et qui, aux yeux de leur nation, pouvait et devait naturellement passer pour une conquête de leur habileté. Le gouvernement représentatif n'est pas toujours assez heureux pour n'employer que des moyens parfaitement droits. Là, plus qu'ailleurs peut-être, on aime et recherche les apparences. Le cabinet britannique, en éblouissant son parlement par la nouvelle acquisition qui n'était pas due à la force des armes, mais suivant lui au talent des négociateurs, ne jugea pas à propos de s'expliquer clairement sur la nature des restrictions que nous avions apportées à la cession dont il s'enorgueillissait, et il se contenta de dire vaguement que l'île appartenait désormais à la reine dans toute son étendue territoriale, et que les Français y renonçaient absolument, sauf une certaine tolérance qui leur permettait de pêcher sur la partie des côtes désertes, comprise entre le cap Raze au sud et le cap Normand au nord.

Ce n'était pas là précisément ce que disait l'article du traité d'Utrecht, d'où allait naître le droit souverain des Anglais sur Terre-Neuve. Il consacrait la cession, mais de telle sorte que, tout en nous enlevant le territoire, il nous laissait conserver le droit absolu de pêcher et de pêcher *seuls* entre les limites indiquées, où aucun Anglais ne pouvait légalement exercer la même industrie. De plus, nous nous réservions la faculté d'occuper, *seuls*, le rivage nécessaire à nos établissements, d'y construire des graves, des cabanes pour nos gens, des chauffauts pour préparer le poisson, des magasins pour la conservation des denrées et ustensiles, et si nous renoncions pleinement au droit d'hiverner sur les mêmes plages et d'y posséder des bâtiments de pierre ou même des édifices construits avec une solidité trop évidente, c'était simplement pour rester fidèles à l'idée qui nous faisait abandonner Terre-Neuve, et pour que, sous prétexte d'établissements de pêche, nos gens ne pussent songer à rétablir des postes qui n'eussent pas tardé à ressembler de tous points à ceux que l'on n'avait nul désir de voir renaître, et qui n'eussent pas manqué de reproduire les inconvénients que l'on voulait éviter. Du reste, au point de vue de la pêche proprement dite, on ne nous concédait rien, on ne créait pas en notre faveur une situation nouvelle. Nous conservions purement et simplement la part de notre souveraineté ancienne, qui ne se trouvait pas aliénée par le traité, qui demeurait en dehors de ses stipulations, et nous restions maîtres d'exercer l'industrie de nos marins sur toutes les espèces de poisson, sans exception aucune et au moyen des engins qu'il nous plairait d'employer.

A bien juger la portée d'une pareille situation, la France conservait à Terre-Neuve le seul privilége utile que pût offrir alors la localité. Elle se mettait désormais en mesure d'en jouir sans conflit, sans difficulté, et on peut ainsi concevoir qu'elle ne cédait de cette façon, de ses anciens droits, que la part onéreuse et dont elle avait plus d'une fois expérimenté les périls.

Sans comprendre les choses aussi clairement en Angleterre, on s'y prêta avec facilité à l'exécution loyale de l'art. 13 d'Utrecht tant que dura la paix. Terre-Neuve n'avait qu'une faible population. Les côtes étaient fort étendues et les pêcheurs des deux nations n'avaient pas besoin de dépasser leurs limites respectives pour exercer leur activité d'une manière satisfaisante. Quand la guerre recommença, nos pêcheurs, employés pour la plupart sur les escadres, cessèrent momentanément de visiter ces parages et quelques modifications se produisirent dans la situation nouvelle.

La ville de Saint-Jean, qui n'avait été jusqu'alors qu'un village, s'accrut un peu. La population de l'île tendit à se concentrer dans ses environs, et très-naturellement prit si bien l'habitude de pêcher dans le voisinage immédiat, que lorsque les cabinets se réunirent pour signer la paix de 1763, les Anglais étaient établis en trop grand nombre entre le cap Raze et le cap Buonavista, partie de nos anciennes limites, pour qu'il pût être question de les en expulser. Comme, avec raison, le cabinet de Versailles, tout abattu qu'il pouvait être, n'avait aucune propension à laisser diminuer l'héritage du traité d'Utrecht en ce qui concernait le point si vital des pêcheries, on tomba d'accord qu'il céderait la portion envahie, mais qu'il recevrait en échange la faculté d'exercer ses droits sur une ligne de côtes qui s'étendrait désormais depuis le cap Buonavista jusqu'au cap Normand comme autrefois, en y adjoignant toute la côte occidentale de l'île, depuis le cap Normand jusqu'au cap Raye. C'est encore aujourd'hui la situation des choses.

Après la guerre d'Amérique, cette situation fut confirmée par le traité de Versailles, et telle était l'importance que les hommes d'État français attachaient alors à nos droits sur Terre-Neuve, qu'ils les firent reconnaître par la nouvelle république des États-Unis qui, dans un article spécial de son traité particulier, s'engagea à ne pas autoriser ses pêcheurs à fréquenter les parages de Terre-Neuve garantis à l'exploitation de nos marins. De son côté le gouvernement britannique, bien que répugnant à s'expliquer d'une manière parfaitement claire sur les principes de notre droit, ne mit jamais d'obstacle à la pratique, si bien qu'en une occasion où des sujets anglais avaient causé quelques dommages à un de nos établissements, il paya l'indemnité qui lui fut demandée, en s'arrangeant, toutefois, de façon à ne pas porter cette affaire à la connaissance de son parlement. En outre, le langage des gouverneurs de la colonie ne cessa jamais d'être parfaitement régulier et explicite. Des proclamations nombreuses et péremptoires continuèrent dans tous les temps à interdire aux sujets anglais toute concurrence avec nos pêcheurs dans l'étendue de nos limites. Cette partie de l'île ne fut jamais soumise à l'action de l'administration anglaise; jamais on ne la divisa en districts; jamais on n'y établit de magistrats, et même les très-rares cultivateurs qui prétendirent s'y fixer pour essayer d'une exploitation rurale, ce qui leur était parfaitement licite aux termes de l'acte d'Utrecht, y furent; en quelque façon, laissés à leurs risques et périls et tout à fait en dehors de la protection des lois. Bref, notre côte resta soumise, en droit et en fait, à notre seule et unique surintendance, bien qu'au point de vue territorial nous n'y ayons jamais prétendu aucun droit de haut domaine.

A la paix d'Amiens, les traités reprirent leur force entière, dans leur ancienne étendue. En 1814 et 1815, il en fut encore de même, et en toutes ces occasions on ne manqua jamais de répéter que l'on voulait rétablir les stipulations d'Utrecht sans y rien innover, sauf l'échange de territoire consenti en 1763. Les proclamations des gouverneurs furent toujours conçues dans le même esprit et même une police spéciale fut instituée par le cabinet de Londres pour veiller à ce qu'il n'y eût pas d'infraction à notre droit, et un fond voté à cet effet jusqu'en 1828.

A la révolution de Juillet, bien des traditions diplomatiques furent oubliées, et l'esprit d'alors se montra plus enclin aux nouveautés que désireux de respecter ce qui, dans les débris du passé, valait la peine de l'être. Un traité ancien était grandement suspect d'être par cela même désavantageux, et les préventions courantes portaient alors l'esprit public à le considérer avec défaveur. Ce fut donc en ce temps que se produisit l'idée dont j'ai déjà parlé plus haut, de reconstruire, sur de nouvelles bases, l'organisation de nos pêcheries et d'y introduire des avantages jusqu'alors inconnus, sauf à perdre sur les anciens. Comme il est malheureusement assez d'usage en France, on n'y regarda pas de trop près quant à la nature des arguments dont on se servit pour soutenir la thèse, et on ébranla tant qu'on put la confiance qui avait régné jusqu'alors sur la solidité de nos droits.

Il n'est nullement extraordinaire que le gouvernement britannique se soit placé sur un terrain d'apparence favorable où nous l'invitions nous-mêmes à venir s'établir. Avec une sorte d'étourderie regrettable, nous demandâmes à négocier, quand rien de sérieux n'aurait dû nous y porter : nous nous plaignîmes des empiétements de la population anglaise sur notre côte; cette situation fut déclarée par nous intolérable; elle fut considérée comme sans remède, et le dédommagement indiqué se trouva être le droit de pêcher au Labrador concurremment avec les Anglais. En voyant la France s'émouvoir ainsi, l'Angleterre avoua qu'en effet le droit que cette puissance réclamait de pêcher seule sur une partie des côtes de Terre-Neuve n'était nullement clair ni certain; qu'à ses yeux, les sujets britanniques établis parmi nos gens étaient assez fondés à le faire, attendu que, de l'avis des jurisconsultes de la couronne, là où les Anglais pouvaient pêcher sans troubler nos opérations, rien ne les obligeait à s'en aller; que, par conséquent, le fait de la présence d'intrus sur notre côte ne constituait pas une nouveauté dont nous dussions réellement nous plaindre. Du reste, elle ne contestait pas que partout où ses sujets nous gênaient nous avions droit de les faire partir, et que nous étions les seuls juges du fait. Enfin, les jurisconsultes de la reine, cités par les conseillers de la Couronne, avaient exprimé leur opinion d'une façon assez singulière en disant qu'en principe et s'il se trouvait sur notre côte un point où la présence des concurrents ne nous fût pas dommageable, nous serions tenus de la subir; mais qu'un tel point semblait ne pas exister.

Toute cette argumentation ne laissait pas que d'être un peu fragile, comme on le voit assez; mais elle avait un inconvénient d'une tout autre nature et beaucoup plus grand encore, c'est qu'elle faisait naître dans les imaginations coloniales une série d'idées qui ne s'y étaient encore jamais présentées. A Saint-Jean de Terre-Neuve, on fut étonné d'abord, ensuite on se jeta dans des espérances illimitées. Si le droit des Français était douteux, c'est qu'il n'avait rien de réel. Alors l'île allait sortir d'une situation gênante pour l'amour-propre des patriotes, en acquérant l'unique, libre et complète disposition d'elle-même. On allait entrer dans un avenir nouveau et même fonder sur la côte occidentale des cités qui ne pouvaient manquer de devenir de la première importance. Une fois dans ce courant et les phrases à effet s'en mêlant, l'attitude du cabinet britannique se trouva avoir créé une cause d'agitation et d'exigences à laquelle il fallait désormais donner satisfaction. Quant à autoriser la concurrence française sur la côte du Labrador, l'opinion publique s'y refusait énergiquement, et, à plusieurs points de vue, il faut convenir qu'elle n'avait pas tout à fait tort.

J'ai dit ailleurs combien les résultats de cette pêche étaient maigres et le nombre considérable des populations qui se les partagent. Y amener en plus les Français, c'était un sûr moyen de mécontenter tout le monde. L'Angleterre, d'après ses institutions, doit soumettre tous les traités qu'elle contracte à l'aveu de son parlement, et quand ces traités intéressent des colonies, il lui faut, en outre, l'assentiment des législatures locales. Ici, elle avait à convertir, si elle cédait à nos vues sur le Labrador, et les corps représentatifs de Saint-Jean et ceux du Canada. L'événement a prouvé qu'elle devait échouer dans cette double tâche. La sagesse eût donc voulu qu'on ne l'essayât pas avant mûr examen.

Quoi qu'il en soit, une convention, conclue en 1856, donna Saint-Georges et Codroy aux Anglais et nous livra l'accès du Labrador. Elle fut repoussée avec un emportement extrême par le parlement colonial et il fallut y renoncer, sans avoir pu la mettre en vigueur.

Les espérances et les illusions étant désormais à néant, on se trouva en présence de la seule difficulté réelle que présentât la situation, et l'Empereur voulut qu'elle fût étudiée avec plus de soin qu'elle n'avait pu l'être jusqu'alors. On comprit alors en Angleterre comme en France à quel point cette difficulté est plus apparente que réelle.

Sur toute l'étendue de notre côte, dans un espace de cent cinquante lieues de long, la population intruse ne dépasse pas trois mille âmes. En 1815, elle était déjà de quinze cents âmes, de sorte que la période de quarante-cinq ans qui vient de s'écouler et qui a été exceptionnellement favorable à l'émigration, n'a fait que doubler le nombre primitif. Dans ce chiffre de trois mille âmes, il faut comprendre au moins deux mille enfants et trois cents femmes, de sorte que le nombre vrai des pêcheurs faisant concurrence à nos hommes ne dépasse pas sept cents. Il est possible, sans nul doute, que si cette population illégale allait toujours s'accroissant, des inconvénients sérieux en pussent résulter un jour ; mais, pour le moment, il faut aussi l'avouer, notre situation n'est ni mauvaise, ni critique.

D'autant moins que dans ces sept cents personnes, au moins trois cents sont employées et maintenues par nos établissements à différents titres et surtout comme gardiens. Il ne reste donc par le fait que quatre cents concurrents pour cent cinquante lieues de côtes, et le gouvernement britannique, pas plus que celui de la colonie, ne s'oppose à ce que nous prenions les mesures qui nous paraîtront convenables pour faire disparaître, avec tous les ménagements que l'humanité réclame, ce qui est un germe de mal futur, plutôt qu'un mal actuel.

Il y a plus, depuis qu'à Saint-Jean on est véritablement éclairé sur la situation et que l'on a fait justice des prédications plus violentes que raisonnables au moyen desquelles un très-petit nombre d'esprits véhéments ont espéré nous voir renoncer à notre situation séculaire, on désire que la population qui nous gêne rentre dans les districts habités de l'île. On trouve avec raison que le nombre des habitants utiles est déjà trop peu considérable, que les ouvriers sont trop rares et par conséquent trop chers, et qu'il y aurait profit certain et évident pour la communauté à pouvoir disposer de quelques bras de plus.

De son côté, l'autorité ecclésiastique regrette vivement de voir des hommes, catholiques pour la plupart, se soustraire à son action immédiate, et dans une vie à demi sauvage, rester exposés aux périls les plus évidents pour leur foi et leur moralité. Elle souhaiterait donc vivement le retour auprès d'elle.

Tous ces vœux se conçoivent d'autant mieux et s'expriment avec d'autant plus de franchise que personne ne redoute de la part du gouvernement de l'Empereur des mesures hâtives, acerbes ou seulement sévères, que l'on sait parfaitement étrangères à sa façon de voir et de procéder. Rien d'ailleurs ne pourrait y donner lieu. Les sujets anglais établis sur notre côte sont gênants, sans doute, et surtout peuvent le devenir plus encore. Mais nulle part des rixes, nulle part des voies de fait n'ont donné lieu à la moindre irritation à leur égard. On rend, au contraire, universellement justice à leurs bons sentiments. Ils méritent tous les égards imaginables, et, sans aucun doute, ces égards leur seront prodigués. L'idée, la notion de notre bon droit est désormais bien et fermement rétablie aux yeux de nos pêcheurs comme à ceux de leurs innocents concurrents. L'avenir n'est plus embarrassé de doutes. Ce point suffit pour que beaucoup d'Irlandais aillent d'eux-mêmes chercher fortune ailleurs. Les villages de Saint-Georges et de Codroy se dépeupleront rapidement pour aller enrichir les points voisins de la côte sud ou du Labrador, quand ils verront nos gens, rendus plus actifs par le sentiment de l'ère nouvelle dans laquelle la sollicitude de l'Empereur vient de les faire entrer, se porter sérieusement à l'exploitation de leurs baies, et ne plus laisser libres des places que d'autres qu'eux ne doivent pas occuper. De sages règlements contraindront aussi nos propres établissements à se contenter d'un moindre nombre de gardiens, et à ne pas tolérer dans leur voisinage et sous leur égide de si innombrables familles de ces agents. Une telle transformation, qui ne demande ni de la rudesse ni même des menaces, peut s'accomplir en très-peu d'années à la satisfaction commune, et sans même qu'aucun intérêt particulier en reçoive la plus légère atteinte. Mais, au point de vue de l'intérêt français, ce n'est pas surtout ce qu'il faut considérer, et l'heureuse situation créée par la volonté de l'Empereur a une tout autre portée que l'émigration de quatre à cinq cents pêcheurs plus ou moins gênants. Elle est de nature à rendre à notre commerce maritime une confiance fort ébranlée depuis vingt-cinq ans, et qui est cependant indispensable à l'existence de notre situation navale.

Telle qu'elle est aujourd'hui, sous l'empire de circonstances assurément bien peu favorables, la pêche de Terre-Neuve, tant sur les bancs que sur les côtes, fournit à l'État quinze mille marins disponibles en tout temps, et produit au commerce un bénéfice annuel de trente millions. Il ne faut pas comparer sans doute les mérites de la fréquentation des bancs à ceux de la pêche sédentaire sur la côte ; mais cependant l'une et l'autre sont précieuses, et sous l'empire de circonstances favorables, elles se prétent à des développements nouveaux qui pourraient leur donner l'essor le plus heureux. Le maintien assuré de la prime accordée au commerce est une condition indispensable de succès. Sans doute il y a lieu d'apporter beaucoup de mesure dans la dispensation de semblables faveurs en matière purement commerciale ; mais il ne faut pas perdre de vue qu'en réalité il s'agit bien moins ici de contribuer à la fortune des armateurs que de procurer des marins à l'État, et ce n'est pas assurément payer trop cher ces derniers que d'assurer à l'excellente éducation qu'ils reçoivent sans autres frais, une somme qui ne dépasse pas cent cinquante francs par tête.

Peut-être serait-il également nécessaire de modifier d'une façon sérieuse les rapports des hommes avec les maisons de commerce qui les emploient. Le sort des gens de mer est dur, et les conditions qui leur sont faites n'étant pas toujours parfaitement équitables, ont visiblement tendu, dans ces dernières années, à diminuer le nombre de ceux qui se vouent à une profession déjà très-pénible en elle-même ; l'État est directement intéressé à arrêter le progrès du mal. On ne peut cependant se dissimuler que c'est là une question difficile, et qui ne pourra jamais être traitée qu'avec des ménagements infinis.

Enfin, si les éléments de succès indiqués pouvaient se combiner avec une reconstitution radicale de l'établissement de Saint-Pierre, il n'y a pas de doute que, non-seulement nos pêcheries reprendraient tout l'éclat dont elles ont joui dans le passé, mais iraient encore au delà, et le résultat serait d'autant plus heureux, la France aurait d'autant plus à s'en applaudir que, par ailleurs, la diminution graduelle du cabotage, résultat inévitable de l'augmentation des chemins de fer, n'est pas sans menacer notre personnel naval de pertes assez sensibles.

En somme, les pêcheries de Terre-Neuve, trop longtemps menacées, paraissent sortir aujourd'hui de l'état de crise où les ont vues les dernières années, et ce n'est pas un des moindres bienfaits de l'Empereur que d'avoir rendu à la France l'intégrité de la situation magnifique créée jadis par la sagesse de nos négociateurs d'Utrecht.

CHAPITRE XII.

Mœurs.

La population des colonies anglaises de l'Amérique du nord est, à beaucoup d'égards, notablement différente de celle des États-Unis. Elle n'a ni les mêmes tendances, ni les mêmes idées sur beaucoup de points, et comme elle se distingue également de la nation métropolitaine, elle vaut la peine d'être considérée et observée en elle-même.

Les motifs de cette individualité sont faciles à saisir. Ainsi qu'il a été dit déjà, la race est un composé particulier formé d'éléments anglo-saxons en nombre relativement petit, de beaucoup d'Irlandais, de restes des anciens Acadiens français, et d'une portion d'Écossais dont beaucoup appartiennent aux clans des Hautes-Terres. Mais on y trouve peu d'Allemands, point d'Italiens ni d'Espagnols, ni rien de cette émigration moderne qui a amené dans les territoires américains une si forte proportion de gens sans aveu, beaucoup mieux approvisionnés de vices européens que du sincère désir de prospérer par des voies honnêtes.

Il est également à remarquer que les familles d'origine française n'ont aucun rapport avec celles de même provenance qui ont peuplé jadis la Louisiane, ni avec celles qui, depuis quelques années, ont pu aborder en plus ou moins grande quantité, dans les cités américaines. Les unes, recrutées par ordonnance de police un peu partout, vers le milieu du dix-huitième siècle, ne sortaient pas des sources les plus pures. Les autres appartiennent à toutes les catégories d'industriels, et de spéculateurs plutôt petits que grands. Au contraire, les Acadiens, venus presque tous de Normandie, race forte et agissante, très-propre à s'allier au sang anglo-saxon dont elle possède toutes les qualités sans en avoir l'âpreté un peu grossière, étaient en presque totalité des soldats ou des agriculteurs. Dès les premiers jours de leur installation, ils se montrèrent animés de sentiments de moralité qu'on ne connaissait point jusqu'alors dans le nouveau monde, et le travail assidu qui est devenu leur loi, et dont ils ne se sont jamais départis, l'impossibilité démontrée pour eux d'arriver jamais à la richesse, mais facilement à l'aisance, ont également contribué à les maintenir dans les voies honorables où ils ont toujours marché.

La population des colonies anglaises est donc remarquable par une teinte uniforme de probité, et s'il y a quelques exceptions à cet égard, elles se trouvent chez les Irlandais, infiniment moins sérieux que le reste de leurs compatriotes.

Mais tout a son utilité en ce monde, et si, pris en masse et avec les plus honorables exceptions, les Irlandais ne forment pas la partie grave des habitants du pays, ils en sont peut-être la plus aimable, ils en sont assurément la plus vivante. Ce sont eux qui ont apporté et qui y maintiennent un certain mouvement d'existence peut-être aventureux, mais nécessaire au développement des destinées futures. Ce que l'Anglais un peu morne, le grave Écossais, le laborieux Acadien, pourront un jour souhaiter avec passion, hésitant à le rechercher, les Irlandais le désireront moins peut-être, mais, grâce à leur ardeur irréfléchie, ils feront le nécessaire pour l'obtenir et se jetteront les premiers dans la mêlée. Ils représentent un peu les exaltés de ce petit monde. Ce qu'ils ont à perdre est généralement peu de chose. Ce qu'ils ont à gagner toujours problématique. Mais, depuis qu'il y a une Irlande sous le ciel, ses fils n'ont jamais pris au sérieux que leurs fantaisies, leurs sentiments, leurs passions, et il est vraisemblable que continuant toujours de même, ils ne cesseront jamais d'être les pauvres de cette terre dont l'Évangile déclare l'existence indispensable.

La population totale des colonies ne dépasse pas actuellement cinq millions d'âmes. Quelques patriotes font déjà observer avec un certain orgueil qu'il y a tel royaume d'Europe qui n'en pourrait pas compter autant. Cette observation est fondée, mais il n'est de pays en Europe, si petit qu'il soit, qui n'ait une existence intellectuelle et une importance politique plus faites que ne l'ont encore les territoires nord-américains. C'est, en outre, une situation très-forte que celle où la population est dans un rapport quelque peu juste avec l'étendue du pays. Les contrées voisines du golfe Saint-Laurent ne jouissent pas de cet avantage, et leurs vastes rivages, leurs profondes solitudes pourraient recevoir aisément quarante millions d'habitants, si on ne considère les choses qu'au point de vue purement topographique. Malheureusement, la plus grande partie de ces régions est condamnée à demeurer stérile, et ne produira jamais, quelque effort qu'on y dépense, le blé ni même l'orge nécessaire à la nourriture de l'homme. Il est vrai que partout on peut trouver du poisson. Mais quelque avantageuse que soit cette nourriture à beaucoup d'égards, il est difficile que des émigrants soient attirés par la perspective d'avoir à s'en contenter. J'ai dit ailleurs comment, malgré leur fécondité, les familles de la Nouvelle-Écosse ne contribuaient cependant pas à augmenter sensiblement le chiffre des habitants du pays, puisque, filles et garçons, émigrent généralement lorsqu'ils arrivent à l'âge du travail. Dans les autres colonies, il en est de même. A Terre-Neuve, il n'est nullement rare de voir une femme compter de seize à dix-huit enfants. La proportion ordinaire est de cinq ou six. On se marie fort jeune.

Ce que je dis pour le peu d'accroissement de la population ne s'applique pas au Canada. Ce pays, engagé dans les voies de la prospérité la plus brillante, aussi fertile dans la plupart de ses parties que les autres territoires le sont peu, maître déjà d'une industrie qui se développe parallèlement à son agriculture et qui semble devoir arriver à de grandes destinées, ce pays a vu augmenter assez notablement le nombre de ses habitants dans ces dernières années. Ce qui pourrait modifier considérablement l'avenir des autres colonies, à défaut de fertilité du sol, ce sont les mines. Le Cap-Breton a déjà ses charbons; Terre-Neuve commence à exploiter de riches gisements de cuivre. Récemment on a parlé de découvertes d'or dans la Nouvelle-Écosse. Si ce nouvel avenir était certain, la population attirerait à elle quelque chose de ce courant qui se porte vers la Californie et l'Australie. Mais, dans l'intérêt véritable du pays, il ne faut pas trop le souhaiter. Ce courant est fort impur, et ce qu'il promettrait de prospérité matérielle serait plus que compensé par la perturbation complète qu'il apporterait dans la moralité.

L'esprit des populations, en matière politique, est ce qu'on nomme en Europe libéral, mais, généralement, il n'a pas une tendance réellement démocratique et ne recherche pas la forme républicaine.

En réalité, il est communal. Il attache le plus grand prix à l'intervention constante du gouverné dans les affaires locales. C'est vers cet objet que toutes les intelligences convergent, et le riche comme le pauvre sont également jaloux de leurs droits. L'administration, d'un mécanisme extrêmement simple, obéit tout entière à cette idée et n'a rien de centralisé. En dehors de ce besoin d'agir par soi-même et de surveiller tout ce qui touche aux intérêts matériels de la communauté, ce que chacun regarde comme son devoir, il n'y a pas trace, dans les majorités, de principes positivement égalitaires. Les colonies ont vu, avec une satisfaction marquée, certaines créations de baronnets que la couronne a cru devoir faire dans ces dernières années parmi leurs citoyens. La population, prise en masse, en a été singulièrement flattée. On y attache plus de prix qu'ailleurs aux distinctions sociales, et j'ai cru m'apercevoir que dans certaines maisons assez humbles où on eût pu croire que le prix du poisson était la seule et unique affaire, le *Peerage* et le *Baronnetage of the United Kingdom* étaient des livres fort honorés et très-consultés. On remarque par fois, et non sans surprise, des sentiments analogues aux États-Unis même; avec cette différence toutefois que là on les peut considérer comme une inconséquence sans portée politique. Il n'en est nullement de même dans les colonies anglaises. Comme les idées de cette nature n'y constituent pas seulement des prétentions individuelles, mais une façon de voir presque universellement consentie, elles ont décidé ce dégoût général pour les formes républicaines, et, à certains égards, cette antipathie pour les Américains, qui forment au premier abord un des traits les plus curieux de la population. A moins que de pareils sentiments ne soient modifiés quelque jour par une affluence de population venue du dehors, ils feront sérieusement obstacle à ce que le gouvernement de ces contrées devienne jamais autre que monarchique, quels que soient les événements qui pourront s'accomplir.

L'éducation intellectuelle est assez faible, faute de ressources. Si les théories qui ont contribué à la fondation d'écoles semblables à celle de Truro venaient à s'enraciner, elle deviendrait pire encore : elle serait radicalement faussée. Mais si, au contraire, ce qui est plus probable, les exemples donnés par le Canada se répandent dans les autres colonies qui ont volontiers les yeux fixés sur ce qui se passe dans cette région, l'avenir sera plus brillant que le présent. Il y a tout à espérer des études qui se poursuivent dans cette région et ce qui est particulièrement précieux, c'est l'intérêt soutenu que la jeunesse paraît y prendre. C'est là le gage de progrès très-réels et pleins de promesses.

J'oserai aborder un sujet un peu délicat en parlant de la situation des femmes et des habitudes qui s'y rattachent.

Les races germaniques d'Europe, comme celles du nouveau monde, accordent aux femmes une liberté d'action en apparence plus grande que ne le font les populations latines. Je dis en apparence, car, à bien juger les choses, l'indépendance réelle des femmes est à peu près la même partout dans la société moderne. Mais, tandis qu'en vertu des doctrines qui prévalent dans le Sud, on croit devoir entourer les jeunes filles d'une surveillance et d'une protection plus spéciales, qu'on les juge moins aptes à décider de leur sort et à chercher elles-mêmes ce qui leur convient, dans le Nord et en Amérique on est d'avis contraire. Sur ce dernier point on pousse même les choses à l'extrême, et une jeune fille arrivée à la nubilité, bien et dûment avertie des dangers qu'elle peut courir, suffisamment renseignée sur la manière à employer pour s'en défendre, est lancée dans le monde à ses risques et périls, tout comme un autre spéculateur, cherchant à contracter la grande affaire de sa vie, qui est le mariage.

A un point de vue purement sentimental, sur lequel je ne veux pas m'arrêter, des Français, des Italiens, des Espagnols pourront dire que la jeune fille américaine manque de naïveté, et sinon de la plus solide vertu, à tout le moins d'innocence ; qu'à leurs yeux, une telle et si solide instruction, acquise dès l'enfance sur les choses de la vie, est dépourvue de grâce ; qu'une des félicités principales promises à l'homme de goût est d'avoir à apprendre beaucoup de choses à sa compagne et à savourer délicatement l'étendue de ses ignorances, et qu'il n'y a pas grande joie, à ce point de vue, à entrer en confidences intimes avec une jeune épouse qui, en matière de théories, se trouve être la veille même de ses noces, aussi avancée qu'un vieux casuiste.

A la vérité, les adversaires répondent que de pareilles idées sont des fantaisies puériles et sans utilité aucune ; que même il ne serait pas difficile de les convaincre d'une certaine immoralité ; que ce dilettantisme en matière de sentiments aussi graves que ceux qui appartiennent au mariage ne laisse pas que de sentir son libertin, et qu'il faut se préoccuper non pas de la retenue quelquefois un peu feinte d'une épouse, non pas de ce qu'elle a pu savoir ou ignorer, mais de la solidité de ses principes et de la claire notion de toutes choses avec lesquelles elle prend en main le gouvernement de votre maison.

Le pour et le contre peuvent se soutenir, et c'est là une question d'instinct ou d'éducation chez les hommes qui la discutent. Mais les conséquences du système américain sont des faits, et qui peut-être ne donnent pas l'avantage à ceux qui l'approuvent.

Les jeunes demoiselles, en entrant dans la vie comme des spéculateurs entrent à la Bourse, sont naturellement amenées à se bien pénétrer de leurs moyens d'action et des obstacles qu'elles ont à vaincre. La beauté, l'esprit et le charme qu'elles peuvent avoir reçus de la nature représentent le capital disponible. Il s'agit non-seulement de le bien employer mais d'en multiplier autant que possible la force. De là une coquetterie qui, il faut bien le reconnaître, n'a pas de limites. On dit avec raison des femmes orientales que ne se jugeant propres qu'à un seul usage, elles ne portent guère leurs pensées ailleurs. A certains égards, les jeunes filles américaines ne sont pas fort dissemblables de ce portrait. Elles veulent se marier, le reconnaissent hautement, et font tout ce qu'elles peuvent pour engager un mari, on pourrait presque dire pour l'attraper, en faisant miroiter aux yeux du célibataire sur lequel elles ont jeté leur dévolu, tout ce qui peut être de nature à l'entraîner à une détermination toujours très-sérieuse.

Elles ne se font donc pas grand scrupule de se mettre en dépense d'avances très-marquées, et aussitôt qu'une occasion se présente, elles la saisissent avec une franchise de résolution qui ne laisse pas que d'être assez bizarre pour les étrangers peu habitués à cette façon d'agir. Alors, rien ne leur coûte. On voit, dans un bal, une charmante fille de dix-sept à dix-huit ans, s'attacher au bras d'un danseur qui, une demi-heure auparavant, lui était complétement inconnu. Elle se promène avec lui d'abord dans le salon, puis elle l'entraîne ou, ce qui revient au même, se fait entraîner dans le jardin, s'égare ou se fait égarer dans les allées obscures, dans les kiosques ténébreux, donne un rendez-vous pour le lendemain chez elle où elle sera seule, poursuit cette intrigue sans que ses parents en aient le moins du monde avis et même se soucient d'en rien savoir, part pour la campagne avec l'heureux mortel qu'elle enguirlande, pour employer une expression russe fort convenable ici, et tâche de le griser de son mieux pour l'amener à ses fins.

L'homme est bien faible dans des circonstances aussi vives et laisse vite apercevoir à la rusée créature qui l'attaque, les côtés faibles de son cœur et de son esprit. Vaniteux, elle le flatte et lui parle de lui-même avec une profonde vénération ; tendre, elle lui laisse entrevoir des trésors inépuisables d'affection et de dévouement. Si elle le devine passionné, elle s'arrange de façon à lui donner lieu de croire que l'étincelle et la flamme ne sont que des imitations adoucies du volcan qui remplit son cœur. Il n'est pas sans vraisemblance que s'il n'existait qu'une seule Américaine au monde, avec cette âpreté au mariage et cette habileté soutenue à faire tout ce qu'il faut pour parvenir à ce résultat, elle réussirait à se faire épouser par une grande partie du genre humain. Mais la concurrence est trop forte, les rivales sont nombreuses, toutes également armées en guerre, peu scrupuleuses dans les moyens de réussir, et c'est là ce qui sauve un grand nombre de pauvres jeunes gens, chaque soir pris et repris, comme le sont des redoutes attaquées et défendues par des assaillants également intrépides.

A un pareil jeu, ce n'est pas seulement la grâce, les qualités purement aimables qui s'effacent et disparaissent, c'est aussi quelque chose de plus, et particulièrement le sentiment d'estime qu'un homme conserve difficilement devant de pareils efforts. Courtisé comme un sultan, il se prend pour tel et accepte aisément le rôle de supériorité qu'on lui fait. L'amant le plus épris ne se gêne que peu pour l'objet de sa flamme, et, ce qui paraîtrait assez bizarre en tout autre pays, il ne cherche pas à lui dissimuler les défauts même les plus choquants. C'est ainsi que l'on voit dans les bals, les jeunes gens échauffés par un dîner trop prolongé, se croire parfaitement en état d'aborder les dames, bien que leurs jambes leur refusent un peu le service, et personne ne se choque de cette façon d'être. J'ai vu une belle jeune fille, pendue au bras d'un cavalier dont le vin avait fort rehaussé les couleurs naturelles ; il écoutait avec l'attitude d'absorption naturelle à son état des propos assurément fort doux, et qu'il ne méritait guère.

On prétend, dans le pays, que de ces empressements féminins, de ces rendez-vous, de ces courses lointaines, de ces tête-à-tête indéfiniment prolongés, il ne résulte jamais d'inconvénients parce que, dit-on, les jeunes demoiselles savent trop bien quel tort irréparable en sortirait pour elles. Leur spéculation serait manquée, et un mariage défait pour une pareille cause, leur permettrait difficilement d'en conclure un autre. Cette raison me paraît plus spécieuse que décisive. Toutes spéculations sont de leur nature chanceuses, et il n'est pas marchand qui toujours gagne. La route est dangereuse, les moyens sont scabreux ; je veux que le cœur ne soit absolument pour rien dans le charme que l'on cherche à faire naître, et, soit dit en passant, ce n'est pas là ce qu'il y a le plus à admirer, mais le diable est bien malin, ce dit-on, et j'ai vu des personnes de bonne foi ne point partager à cet égard l'optimisme de leurs compatriotes et secouer la tête d'un air très-significatif. Ce qui est incontestable, c'est que les ecclésiastiques de tous les cultes blâment unanimement cette façon de procéder et assurent qu'ils ont des raisons sérieuses dans leur désapprobation.

Quoi qu'il en soit, les enlèvements sont chose très-commune. On ne voit pas d'abord bien clairement pourquoi, puisque les parents interviennent si peu dans une affaire qu'ils jugent ne pas les concerner beaucoup. Mais, d'une part, les jeunes gens trouvent cette manière de procéder plus romanesque et suffisamment sentimentale : c'est un moyen de dérober son bonheur à la vue et aux réflexions d'un vulgaire profane. Il n'y a rien de tel que l'absence des impressions vraies pour produire une moisson plantureuse de faux semblants. Ensuite, si désintéressés que soient les parents de la conduite d'une fille, ils tiennent cependant à dire leur mot, et le prétendu choisi peut ne pas leur convenir. On échappe à cette tyrannie en faisant sa malle et en prenant le chemin de fer, et le mariage est conclu. Ici commence maintenant la phase réellement sérieuse de la vie féminine.

L'épousée a ce qu'elle a voulu. Son sort est fixé; elle possède un mari, une maison, bientôt des enfants en nombre illimité. Les théoriciens prétendent que, si la jeune fille en Amérique est très-libre et mène une existence de plaisirs continuels, la jeune femme est au contraire renfermée dans un genre de vie fort austère. Je n'ai rien vu de semblable. Les jeunes femmes montrent un goût aussi passionné pour la dissipation qu'avant leur union, et tant que l'âge le permet, elles dansent et vont aux fêtes de toute nature avec le même empressement et la même liberté; elles ne s'occupent de leurs enfants, imitant en cela les Anglaises, que dans la mesure où l'état de leur fortune le rend indispensable. Si elles sont riches, elles laissent très-bien les rejetons de leur amour conjugal dans la *nursery*, où les bonnes gouvernent ce petit peuple à leur fantaisie et exercent un empire absolu que l'intervention de la mère vient très-rarement tempérer; le tout, sans préjudice de ces attendrissements exaltés et de ces phrases passionnées et interminables dont toutes les femmes du Nord ont le secret sans se croire, pour cela, le moins du monde obligées de les mettre en pratique.

Mais l'âge approche; la danse cesse; la fatigue

arrive ; la femme commence à devenir plus sédentaire. Son mari, qui n'a pas moins qu'elle le culte idéal de la vie domestique, continue comme par le passé à dépenser ses journées entières hors de chez lui, occupé de ses affaires qui l'absorbent. Toutes ses soirées se passent au club ou dans des dîners interminables. On se voit donc à peine. La jeune génération ne s'occupe de la mère en aucune façon, et celle-ci en est réduite à la société de quelques contemporaines. Bientôt ses filles deviennent de grandes personnes qui, à leur tour, armées de pied en cap pour la conquête d'un mari, comme elle l'a été jadis elle-même, entrent en campagne, remplies de la plus généreuse ardeur.

Elle n'a plus que de stériles conseils à donner; elle n'est pas plus écoutée qu'elle n'a écouté elle-même. Son salon et sa maison sont de nouveau envahis par des jeunes gens qui ne songent pas à elle, et ne jugent pas même toujours nécessaire de la saluer soit en entrant, soit en sortant. Elle les voit s'installer sur les fauteuils pour causer tout bas avec ses filles, et ce qu'elle a de mieux à faire et ce qu'elle fait souvent, c'est de se retirer pour ne gêner personne. Quand on demande de ses nouvelles à ses enfants ou même à son mari, ils ont l'air surpris et répondent souvent tout de travers, tant la chose a peu d'intérêt; et, en voyant de malheureuses mères de famille ainsi abandonnées, j'ai souvent regretté que la philanthropie anglaise, qui invente tous les jours tant de façons nouvelles de rendre service à l'humanité, ne se soit pas encore donné le thème de trouver un asile pour des personnes si délaissées.

On pourrait peut-être les transporter dans quelque île déserte, où, avec du thé et des gâteaux, elles mèneraient une existence suffisamment confortable et ne troubleraient personne.

Ce peu d'estime manifesté pour les femmes n'est pas un bon symptôme dans une société. Il contribue certainement à y entretenir le goût exclusif qu'ont les hommes pour vivre entre eux, une certaine étroitesse d'idées, une rudesse marquée dans les manières et la tendance à l'ivrognerie, qui est encore un des vices les plus apparents des colonies anglaises. Il est triste de voir souvent des hommes d'un rang élevé et d'une intelligence au-dessus du commun, parcourir les rues d'un pas très-peu sûr; et, plus triste encore, d'observer que l'opinion publique est si parfaitement indulgente pour l'intempérance qu'elle n'y trouve même pas matière à critique. Il serait injuste de ne pas ajouter, cependant, que les Sociétés de tempérance font tous les jours des recrues, et que la jeune génération semble un peu moins incliner vers le vice favori; mais il reste beaucoup à faire pour l'éteindre.

Autant que les Américains si peu aimés dans ces parages, l'homme des Colonies est essentiellement dominé par l'esprit mercantile. Dieu le mit au monde et lui dit : Gagne de l'argent ! Il s'acquitte consciencieusement de ce devoir qui est pour lui la satisfaction d'un instinct, et le remplit, il faut le répéter, avec âpreté peut-être, mais généralement avec beaucoup de probité et un amour du travail qu'on ne saurait assez louer. Mais sa probité est un peu sèche et ne va pas plus loin que la conscience ne l'ordonne.

Pendant notre séjour à St-Jean, un incendie qui s'annonçait comme fort redoutable éclata dans un des quartiers de la ville. Les navires de guerre français et anglais s'empressèrent d'envoyer des détachements de leurs équipages sur le lieu du sinistre. Le dévouement des matelots fut égal des deux parts, et on empêcha de réels malheurs. Cependant peu s'en fallut qu'il n'en résultât des procès. Un homme dont la maison n'avait été qu'à demi brûlée, grâce à l'intervention courageuse des matelots, prétendait que les commandants lui devaient tenir compte de son mobilier, attendu que, dans le déménagement fait un peu à la hâte et, disait-il, sans son autorisation, quelques objets avaient été brisés et comme, pour arrêter les progrès du feu, on avait dû abattre plusieurs cloisons à coups de hache, toujours sans s'en être entendu avec lui, il voulait contraindre à des dédommagements ceux qu'il appelait les auteurs du dégât.

Il arriva même qu'au plus beau moment de la crise, et comme les flammes menaçaient de gagner une habitation voisine, un de nos marins, bien animé à sa besogne, travaillait dans le jardin à arracher les palissades. Le propriétaire qui, probablement, ne pouvait lui communiquer ses idées en français, l'assaillit tout à coup d'une grêle de vigoureux coups de poings. Le marin, d'abord surpris, accepta pourtant ce genre de conversation ; il posa sa hache et battit à outrance son antagoniste qui, à grand'peine, s'arracha de ses mains et prit la fuite, ce qui permit au vainqueur de se remettre à l'ouvrage. Mais le battu voulait une vengeance et la demanda à grands cris. Quand on en vint aux explications, il déclara qu'il n'avait pu se contenir en voyant un étranger assez hardi pour piétiner sans égards dans un carré de choux à lui appartenant. Le commandant anglais, justement irrité de cette façon singulière de remercier ses hommes des dangers qu'ils avaient courus et de la fatigue qu'ils avaient bravée, avertit officiellement les autorités de l'île que si un incendie nouveau éclatait il n'enverrait personne que sur une réquisition spéciale.

En réunissant les traits divers du caractère des peuples du Nord-Amérique, en les comparant les uns aux autres, en compensant les qualités par les défauts et les vertus par les vices, il reste une observation capitale ; c'est que c'est là une nation très-vivante et très-susceptible d'un développement limité. C'est une population digne non pas d'admiration, car, dans les deux Amériques, le *self-contentment* est poussé partout à un degré extrême, mais de beaucoup d'estime, et au milieu de laquelle un esprit ferme, indépendant, aventureux, peut trouver d'autant plus de plaisir à vivre que très-peu de barrières y limitent l'expansion de la fantaisie. On y est mal protégé, mais libre de se protéger soi-même. Le secours qu'on est en droit d'attendre du prochain est fort réduit; mais on n'est pas tenu à faire davantage, et les occasions ne manquent pas de travailler pour soi; enfin, si on aime la solitude, on a beaucoup plus de chances de se la créer absolue qu'au milieu des foules européennes.

Les préparatifs de notre retour, après nous avoir conduits à St-Pierre, nous ramenèrent également à Sydney. Nous y passâmes quelques jours en face d'un paysage que l'automne commençait à couvrir de teintes rougeâtres de toutes nuances. Les sauvages étaient descendus de l'intérieur en plus grand nombre que nous ne les avions encore vus, et leurs wigwams s'étendaient dans les bois voisins. Des groupes de ces braves gens circulaient dans les rues vendant leurs paniers et demandant un peu l'aumône, ce qui nous fit faire la connaissance d'un personnage important nommé Gougou, qui n'était rien moins que le dernier représentant de l'ancienne famille royale des Micmacs. On assure qu'il jouit d'une grande considération auprès de ses compatriotes. Il sait ce qui est dû de déférence au sang d'où il sort; mais il est particulièrement harcelé par les soucis d'une situation de fortune très-gênée. Quelques sous qui lui furent offerts pour acheter du tabac et qu'il accepta avec empressement, commencèrent notre connaissance. Plus tard il voulut bien agréer aussi plusieurs charges de poudre et de plomb qui lui servirent à nous apporter des perdrix. De toute sa bande, ce prince était incontestablement le plus négligé dans sa toilette. Il portait, à la vérité, et en tout temps, un habit noir mais fort éraillé, ouvert en plus d'un endroit et auquel il ne restait plus qu'un seul et unique bouton. Son pantalon était dans un désarroi complet, son chapeau n'avait plus de fond. Gougou, veuf depuis quelques années, manifestait l'idée de convoler en secondes noces, mais il avouait qu'il lui était difficile de trouver un parti, ne possédant au total que son chapeau, son pantalon et son habit noir. Il paraît que le prestige de son origine ne suffisait pas pour lui faire faire un mariage d'argent dans sa tribu, de sorte qu'il est à craindre que la famille souveraine des Micmacs ne s'éteigne en lui.

Nous passâmes encore quelques jours fort agréables dans cette bonne et hospitalière Sydney. M. B*** voulut, comme *le Gassendi* quelques mois auparavant, résoudre le problème difficile de donner un bal. Il tenta l'entreprise avec courage et réussit au delà de toute espérance. Son orchestre, et c'était là le nœud de la difficulté, était bien supérieur à celui que nous avions réussi à combiner à bord. Il se composait de deux violons profondément endormis. Quand une figure de la contredanse était terminée, quelqu'un les secouait fortement par le bras, alors ils se taisaient. Sur une seconde secousse et l'indication de ce qu'il fallait faire, ils reprenaient. Mais ils ne se réveillèrent que pour aller souper et se rendormirent immédiatement après, quand, de nouveau, on leur eut mis leurs instruments entre les mains.

Comme ce bal était la dernière réunion à laquelle pût assister l'état-major du *Gassendi* on le prolongea tant qu'on put. La nuit était bien avancée quand les embarcations du bord nous ramenèrent. Peu de jours après nous partîmes tout pleins des bons et joyeux souvenirs que nous laissaient nos hôtes. Aussi longtemps que le navire fut en vue, des mouchoirs s'agitèrent sur la plage pour prolonger les adieux. Plusieurs des officiers ont dû retourner et retourneront encore dans ces pays lointains. Tous se rappelleront constamment avec plaisir les soins qu'on ne cesse d'y prendre pour les bien accueillir.

Enfin nous étions en route pour regagner la France, non sans quelque terreur d'avoir une traversée de retour aussi mauvaise et aussi longue que l'avait été celle d'arrivée. Cependant le vent se conduisit bien et nous favorisa. Rudement secoués par une forte brise, nous faisions chaque jour beaucoup de chemin. Les lames, à la vérité, couvraient quelquefois le pont et nous enfoncèrent deux sabords; mais nous n'en allions que plus vite. Seulement il fallut renoncer à un certain nombre de jeunes plants d'arbres verts qu'on avait espéré pouvoir importer chez nous. Ce fut autant de brisé et d'enlevé par le flot.

Sept à huit chiens de Terre-Neuve que nous avions à bord prenaient les choses plus gaiement que personne. L'agitation de la mer les jetait dans une extase visible. Crispés sur leurs jambes, les oreilles dressées, les yeux ardents, ils regardaient la vague avec une ardeur de convoitise extrême, et, pour un peu, se seraient précipités dans son sein, qui n'eût pas manqué de les engloutir immédiatement. Il y a là matière à une foule de comparaisons qui remplaceraient de la manière la plus heureuse celle du papillon et de la flamme, un peu usée désormais.

Enfin, au milieu d'une belle nuit, nous nous trouvâmes entourés de lumières mobiles qui brillaient et s'éclipsaient de toutes parts au milieu des ténèbres. C'étaient les feux des côtes de France, et le lendemain, de grand matin, nous donnions dans le goulet de Brest.

FIN.

TABLE.

Chap.	I.	La traversée .... Page	1
—	II.	Saint-Pierre.........................	20
—	III.	Sydney.............................	51
—	IV.	Séjour à Sydney....................	72
—	V.	Halifax............................	107
—	VI.	Excursions........................	138
—	VII.	La baie Saint-Georges.............	158
—	VIII.	Codroy et l'Ile-Rouge..............	177
—	IX.	La baie des Iles...................	193
—	X.	La Côte Orientale.................	224
—	XI.	Saint-Jean et les Pêcheries........	255
—	XII.	Mœurs............................	286

FIN DE LA TABLE.

PARIS. — IMPRIMERIE DE CH. LAHURE ET Cie
Rues de Fleurus, 9, et de l'Ouest, 21

Librairie de L. Hachette et Cie, rue Pierre-Sarrazin, 14, à Paris.

BIBLIOTHÈQUE
DES CHEMINS DE FER.

FORMATS GRAND IN-16 OU IN-18 JÉSUS.

About (Edm.) : *Germaine.* 1 vol. 2 fr.
— *Le roi des montagnes.* 1 vol. 2 fr.
— *Les mariages de Paris.* 1 vol. 2 fr.
— *Maître Pierre.* 1 vol. 2 fr.
— *Tolla.* 1 vol. 2 fr.
— *Trente et quarante.* 1 vol. 2 fr.
— *Voyage à travers l'Exposition universelle des Beaux-Arts.* 1 vol. 2 fr.
Achard (Am.) : *La famille Guillemot.* 1 vol. 2 fr.
— *La Sabotière.* 1 vol. 1 fr.
— *Le Clos-Pommier.* 1 vol. 1 fr.
— *Les vocations.* 1 vol. 2 fr.
— *L'ombre de Ludovic.* 1 vol. 1 fr.
— *Madame Rose; — Pierre de Villerglé.* 1 vol. 1 fr.
— *Maurice de Treuil.* 1 vol. 2 fr.
Andersen : *Le livre d'images sans images.* 1 vol. 1 fr.
Anonymes : *Aladdin ou la Lampe merveilleuse.* 1 vol. 50 c.
— *Anecdotes du règne de Louis XVI.* 1 vol. 1 fr.
— *Anecdotes du temps de la Terreur.* 1 vol. 1 fr.
— *Anecdotes historiques et littéraires,* racontées par Brantôme, L'Estoile, Tallemant des Réaux, Saint-Simon, Grimm, etc. 1 vol. 1 fr.
— *Assassinat du maréchal d'Ancre* (relation attribuée au garde des sceaux Marillac), avec un Appendice extrait des mémoires de Richelieu. 1 v. 50 c.
— *Djouder le Pêcheur,* conte traduit de l'arabe par MM. Cherbonneau et Thierry. 1 vol. 50 c.
— *La conjuration de Cinq-Mars,* récit extrait de Montglat, Fontrailles, Tallemant des Réaux, Mme de Motteville, etc. 1 vol. 50 c.
— *La jacquerie,* précédée des insurrections des Bagaudes et des Pastoureaux, d'après Mathieu Paris, Froissart, etc. 1 vol. 50 c.
— *La mine d'ivoire,* voyage dans les glaces de la mer du Nord, traduit de l'anglais. 50 c.
— *La vie et la mort de Socrate,* récit extrait de Xénophon et de Platon. 1 v. 50 c.

— *Le mariage de mon grand-père et le testament du juif,* traduits de l'anglais par A. Pichot. 1 vol. 1 fr.
— *Les émigrés français dans la Louisiane.* 1 vol. 1 fr.
— *Le véritable Sanchô-Pansa ou Choix de proverbes, dictons,* etc. 1 vol. 1 fr.
— *Pitcairn, ou la nouvelle île fortunée.* 1 vol. 50 c.
Araquy (E. d') : *Galienne.* 1 vol. 1 fr.
Arnould (Arthur) : *Les trois poëtes.* 1 vol. 1 fr.
Assollant : *Brancas; — Les Amours de Quaterquem.* 1 vol. 2 fr.
— *La mort de Roland.* 1 vol. 2 fr.
— *Scènes de la vie des États-Unis.* 1 vol. 2 fr.
— *Deux amis en 1792.* 1 vol. 2 fr.
Auerbach : *Contes,* traduits de l'allemand par M. Boutteville. 1 vol. 1 fr.
Auger (Ed.) : *Voyage en Californie en 1852 et 1853.* 1 vol. 1 fr.
Aunet (Mme Léonie d') : *Étiennette; — Sylvère; — Le secret.* 1 vol. 1 fr.
— *Une vengeance.* 1 vol. 2 fr.
— *Un mariage en province.* 1 vol. 1 fr.
— *Voyage d'une femme au Spitzberg.* 1 vol. 2 fr.
Barbara (Charles) : *L'assassinat du Pont-Rouge.* 1 vol. 2 fr.
— *Les orages de la vie.* 1 vol. 2 fr.
— *Mes petites maisons.* 1 vol. 2 fr.
Bast (Amédée de) : *Les Fresques,* contes et anecdotes. 1 vol. 1 fr.
Belot (Ad.) : *Marthe; — Un cas de conscience.* 1 vol. 1 fr.
Bernardin de Saint-Pierre : *Paul et Virginie.* 1 vol. 1 fr.
Bersot : *Mesmer, ou le Magnétisme animal,* avec un chapitre sur les tables tournantes. 1 vol. 1 fr.
Bombonnel (Ch.) : *Le tueur de panthères.* 1 vol. 2 fr.
Brainne (Ch.) : *La Nouvelle-Calédonie, voyages, missions, colonisation.* 1 vol. 1 fr.
Bréhat (Alfred de) : *Les Filles du Boër.* 1 vol. 2 fr.
— *René de Gavery.* 1 vol. 2 fr.

Brueys et Palaprat: *L'avocat Patelin.* 1 vol. 50 c.
Camus (évêque de Belley): *Palombe, ou la femme honorable,* précédée d'une étude sur Camus et le roman au XVIIe siècle, par *H. Rigault.* 1 vol. 50 c.
Caro (E.): *Saint Dominique et les Dominicains.* 1 vol. 1 fr.
Castellane (comte de): *Nouvelles et récits.* 1 vol. 1 fr.
Cervantès: *Costanza,* traduit par *L. Viardot.* 1 vol. 50 c.
Chapus (E.): *Le turf, ou les Courses de chevaux en France et en Angleterre.* 1 vol. 1 fr.
Chateaubriand (vicomte de): *Atala, René, les Natchez.* 1 vol. 2 fr.
— *Le génie du christianisme.* 1 v. 2 fr.
— *Les martyrs et le dernier des Abencérages.* 1 vol. 2 fr.
Claveau: *Nouvelles contemporaines.* 1 vol. 1 fr.
Cochut (A.): *Law, son système et son époque.* 1 vol. 2 fr.
Colet (Mme): *Promenade en Hollande.* 1 vol. 2 fr.
Corne (H.): *Le cardinal Mazarin.* 1 volume. 1 fr.
— *Le cardinal de Richelieu.* 1 vol. 1 fr.
Delessert (B.): *Le guide du bonheur.* 1 vol. 1 fr.
Demogeot (J.): *Les lettres et l'homme de lettres au XIXe siècle.* 1 vol. 1 fr.
— *La critique et les critiques en France au XIXe siècle.* 1 vol. 1 fr.
Des Essarts: *François de Médicis.* 1 vol. 2 fr.
Desplaces (Ernest): *Le canal de Suez.* 1 vol. 1 fr.
Didier (Ch.): *50 jours au Sinaï.* 1 vol. 2 fr.
— *500 lieues sur le Nil.* 1 vol. 2 fr.
— *Séjour chez le grand-chérif de la Mekke.* 1 vol. 2 fr.
Du Bois (Ch.): *Nouvelles d'atelier.* 1 vol. 2 fr.
Énault (L.): *Alba.* 1 vol. 1 fr.
— *Christine.* 1 vol. 1 fr.
— *Hermine.* 1 vol. 2 fr.
— *La rose blanche.* 1 vol. 1 fr.
— *La vierge du Liban.* 1 vol. 2 fr.
— *Nadèje.* 1 vol. 2 fr.
Erkmann-Chatrian: *Contes fantastiques.* 1 vol. 2 fr.
Ferry (Gabriel): *Costal l'Indien,* scènes de l'indépendance du Mexique. 1 vol. 3 fr.
— *Les Squatters; — La clairière du bois des Hogues.* 1 vol. 1 fr.
— *Scènes de la vie mexicaine.* 1 v. 3 fr.
— *Scènes de la vie militaire au Mexique.* 1 vol. 1 fr.
Figuier (Louis): *La photographie au salon de 1859.* 1 vol. 50 c.
Figuier (Mme Louis): *Mos de Lavène.* 1 vol. 1 fr.
— *Nouvelles languedociennes.* 1 v. 1 fr.
Florian: *Les arlequinades.* 1 vol. 50 c.
Forbin (comte de): *Voyage à Siam.* 1 vol. 50 c.
Forgues: *Le rose et le gris.* 1 vol. 2 fr.
Fortune (Robert): *Aventures en Chine,* dans ses voyages à la recherche du thé et des fleurs; traduit de l'anglais. 1 vol. 1 fr.
Fraissinet (J. L.): *Le Japon contemporain.* 1 vol. 2 fr.
Galbert (de Bruges): *Légende du bienheureux Charles le Bon.* 1 vol. 50 c.
Gaskell (Mme): *Cranford,* traduit de l'anglais par Mme Louise Sw.-Belloc. 1 vol. 1 fr.
Gautier (Théophile): *Caprices et zigzags.* 1 vol. 2 fr.
— *Italia.* 1 vol. 2 fr.
— *Le roman de la momie.* 1 vol. 2 fr.
— *Militona.* 1 vol. 1 fr.
Gérard (J.): *Le tueur de lions.* 1 v. 2 fr.
Gerstäcker: *Aventures d'une colonie d'émigrants en Amérique,* trad. de l'allemand par *X. Marmier.* 1 vol. 1 fr.
Giguet (P.): *Campagne d'Italie,* avec une carte gravée sur acier. 1 vol. 1 fr.
Goethe: *Werther,* traduit de l'allemand par *L. Enault.* 1 vol. 1 fr.
Gogol: *Nouvelles choisies* (1° Mémoires d'un fou; 2° Un ménage d'autrefois; 3° Le roi des gnomes), trad. du russe par *L. Viardot.* 1 vol. 1 fr.
— *Tarass Boulba,* traduit du russe par *L. Viardot.* 1 vol. 1 fr.
Goudall (Louis): *Le martyr des Chaumettes.* 1 vol. 1 fr.
Guillemard: *La pêche en France.* 1 volume illustré de 50 vignettes. 2 fr.
Guizot (F.): *L'amour dans le mariage,* étude historique. 7e édit. 1 vol. 1 fr.
Les ouvrages suivants ont été revus par M. Guizot:
Édouard III et les bourgeois de Calais, ou les Anglais en France. 1 volume. 1 fr.
Guillaume le Conquérant, ou l'Angleterre sous les Normands. 1 vol. 1 fr.
Guizot (G.): *Alfred le Grand,* ou l'Angleterre sous les Anglo-Saxons. 1 volume. 2 fr.
Hall (capitaine Basil): *Scènes de la vie*

maritime, traduites de l'anglais par Am. Pichot. 1 vol. 1 fr.
— *Scènes du bord et de la terre ferme*, traduites par le même. 1 vol. 1 fr.
Hauréau (B.) : *Charlemagne et sa cour*, portraits, jugements et anecdotes. 1 vol. 1 fr.
— *François Ier et sa cour*, portraits, jugements et anecdotes. 1 vol. 1 fr.
Hawthorne : I. *Catastrophe de M. Higginbotham*. II. *La fille de Rapacini*. III. *David Swan*, contes trad. de l'anglais par *Leroy* et *Scheffter*. 1 vol. 50 c.
Héquet (G.) : *Madame de Maintenon*. 1 vol. 2 fr.
Hervé et de Lanoye : *Voyages dans les glaces du pôle arctique*, à la recherche du passage nord-ouest, extraits des relations de sir John Ross, Edward Parry, John Franklin, Beechey, Back, Mac Clure et autres navigateurs célèbres. 1 vol. 2 fr.
Julien (Stanislas) : *Contes et apologues indiens*. 2 vol. 4 fr.
— *Nouvelles chinoises*. 1 vol. 2 fr.
Karr (Alph.) : *Clovis Gosselin*. 1 v. 1 fr.
— *Contes et Nouvelles*. 1 vol. 2 fr.
— *Geneviève*. 1 vol. 1 fr.
— *La famille Alain*. 1 vol. 1 fr.
— *Le chemin le plus court*. 1 vol. 1 fr.
La Beaume (Jules) : *Jeunesse*. 1 v. 1 fr.
Laboulaye (Ed.) : *Abdallah, ou le trèfle à quatre feuilles*. 1 vol. 2 fr.
— *Souvenirs d'un voyageur* (Marina, le Jasmin de Figline, le Château de la vie, Jodocus, don Ottavio). 1 vol. 1 fr.
La Fayette (Mme) : *Henriette d'Angleterre*, duchesse d'Orléans. 1 vol. 1 fr.
Lamartine (A. de) : *Christophe Colomb*. 1 vol. 1 fr.
— *Fénelon*. 1 vol. 1 fr.
— *Graziella*. 1 vol. 1 fr.
— *Gutenberg*. 1 vol. 50 c.
— *Héloïse et Abélard*. 1 vol. 50 c.
— *Le tailleur de pierres de Saint-Point*. 1 vol. 2 fr.
— *Nelson*. 1 vol. 1 fr.
Las Cases (comte de) : *Souvenirs de l'empereur Napoléon Ier*, extraits du Mémorial de Sainte-Hélène. 1 v. 2 fr.
La Vallée (J.) : *La chasse à tir en France*; illustrée de 30 vignettes par F. Grenier. 1 vol. 3 fr.
— *La chasse à courre en France*, illustrée de 40 vignettes par Grenier fils. 1 vol. 3 fr.
— *Les récits d'un vieux chasseur*. 1 volume. 2 fr.
Le Fèvre-Deumier (J.) : *Etudes biographiques et littéraires*. 1 vol. 1 fr.

— *OEhlenschlager*, le poëte national du Danemark. 1 vol. 1 fr.
— *Vittoria Colonna*. 1 vol. 1 fr.
Léouzon-Leduc : *La Baltique*. 1 v. 2 fr.
— *La Russie contemporaine*. 1 vol. 2 fr.
— *Les îles d'Aland*, avec carte et grav. 1 vol. 50 c.
Lesage : *Théâtre choisi contenant : Turcaret et Crispin rival de son maître*. 1 vol. 1 fr.
Levaillant : *Voyage dans l'intérieur de l'Afrique* (abrégé). 1 vol. 1 fr.
Louandre (Ch.) : *La sorcellerie*. 1 v. 1 fr.
Marco de Saint-Hilaire (E.) : *Anecdotes du temps de Napoléon Ier*. 1 vol. 1 fr.
Martin (Henri) : *Tancrède de Rohan*. 1 vol. 1 fr.
Mercey (F. de) : *Burk l'étouffeur ; — les Frères de Stirling*. 1 vol. 1 fr.
Merruau (P.) : *Les convicts en Australie*, voyage dans la Nouvelle-Hollande. 1 vol. 1 fr.
Méry : *Contes et nouvelles*. 1 vol. 1 fr.
— *Héva*. 1 vol. 1 fr.
— *La Floride*. 1 vol. 2 fr.
— *La guerre du Nizam*. 1 vol. 2 fr.
— *Les matinées du Louvre ; — Paradoxes et rêveries*. 1 vol. 1 fr.
— *Nouvelles nouvelles*. 1 vol. 1 fr.
Michelet : *Jeanne d'Arc*. 1 vol. 1 fr.
— *Louis XI et Charles le Téméraire*. 1 vol. 1 fr.
Michiels (Alfred) : *Les chasseurs de chamois*. 1 vol. 2 fr.
Monseignat (C. de) : *Le Cid Campéador*, chronique extraite des anciens poëmes espagnols, des historiens arabes et des biographies modernes. 1 vol. 50 c.
— *Un chapitre de la Révolution française, ou Histoire des journaux en France de 1789 à 1799*, précédée d'une introduction historique sur les journaux chez les Romains et dans les temps modernes. 1 vol. 1 fr.
Montague (lady) : *Lettres choisies*, traduites de l'angl. par P. Boiteau. 1 v. 1 fr.
Morin (Fréd.) : *Saint François d'Assise et les Franciscains*. 1 vol. 1 fr.
Mornand (F.) : *Un peu partout*. 1 volume. 1 fr.
Muller (Eugène) : *La Mionette*. 1 v. 1 fr.
Pallu (Léopold) : *Les gens de mer*. vol. 2 fr.
Pichot (A.) : *Les Mormons*. 1 vol. 1 fr.
Piron : *La métromanie*. 1 vol. 50 c.
Poë : *Nouvelles choisies* (1° le Scarabée d'or ; 2° l'Aéronaute hollandais); trad. de l'anglais par A. Pichot. 1 vol. 1 fr.
Pouschkine (A.) : *La fille du capitaine*, trad. du russe par *Viardot*. 1 vol. 1 fr.

Prevost (l'abbé) : *La colonie rocheloise*, nouvelle extraite de l'Histoire de Cléveland. 1 vol. 1 fr.
Quicherat (Jules) : *Histoire du siège d'Orléans.* 1 vol. 50 c.
Regnard : *Le joueur.* 1 vol. 50 c.
Renaut (Emile) : *Rose-André;—Un Van Dyck; — Le filleul du notaire.* 1 vol. 2 fr.
Reybaud (Mme Ch.) : *Hélène.* 1 vol. 1 fr.
— *Faustine.* 1 vol. 1 fr.
— *La dernière Bohémienne.* 1 vol. 1 fr.
— *Le Cabaret de Gaubert.* 1 vol. 1 fr.
— *Le cadet de Colobrières.* 1 vol. 2 fr.
— *Le moine de Chaalis.* 1 vol. 2 fr.
— *L'oncle César.* 1 vol. 1 fr.
— *Mlle de Malepeire.* 1 vol. 1 fr.
— *Misé Brun.* 1 vol. 1 fr.
— *Sydonie.* 1 vol. 1 fr.
Robert (Adrien) : *Contes excentriques.* 1 vol. 2 fr.
— *Nouveaux contes excentriques.* 1 volume. 2 fr.
Rivière (Henri) : *Pierrot; — Caïn.* 1 vol. 1 fr.
Saint-Félix (J. de) : *Aventures de Cagliostro.* 2e édition. 1 vol. 1 fr.
Saint-Hermel (de) : *Pie IX.* 1 vol. 50 c.
Saintine (X.-B.) : *Un rossignol pris au trébuchet; le château de Génappe; le roi des Canaries.* 1 vol. 1 fr.
— *Les trois reines.* 1 vol. 1 fr.
— *Antoine, l'ami de Robespierre.* 1 vol. 1 fr.
— *Le mutilé.* 1 vol. 1 fr.
— *Les métamorphoses de la femme.* 1 volume. 2 fr.
— *Une maîtresse de Louis XIII.* 1 volume. 2 fr.
— *Chrisna.* 1 vol. 2 fr.
Saint-Simon (le duc de) : *Le Régent et la cour de France sous la minorité de Louis XV*, portraits, jugements et anecdotes extraits littéralement des *Mémoires* authentiques du duc de Saint-Simon. 2e édition. 1 vol. 2 fr.
— *Louis XIV et sa cour*, portraits, jugements et anecdotes extraits littéralement des *Mémoires* authentiques du duc de Saint-Simon. 3e édit. 1 v. 2 fr.
Sand (George) : *André.* 1 vol. 1 fr.
— *François le Champi.* 1 vol. 1 fr.
— *La mare au Diable.* 1 vol. 1 fr.

— *La petite Fadette.* 1 vol. 1 fr.
— *Narcisse.* 1 vol. 2 fr.
Sarasin : *La Conspiration de Walstein*, épisode de la guerre de Trente ans, avec un Appendice extrait des *Mémoires* de Richelieu. 1 vol. 50 c.
Scott (Walter) : *La fille du chirurgien*, traduite de l'anglais par *L. Michelant*, 1 vol. 1 fr.
Sedaine : *Le Philosophe sans le savoir* 1 vol. 50 c.
Serret (Ern.) : *Elisa Méraut.* 1 vol. 1 fr.
— *Francis et Léon.* 1 vol. 2 fr.
— *Perdue et retrouvée.* 1 vol. 2 fr.
Sollohoub (comte) : *Nouvelles choisies* (1° Une aventure en chemin de fer; 2° les deux Étudiants; 3° la Nouvelle inachevée; 4° l'Ours; 5° Serge), trad. du russe par *E. de Lonlay.* 1 vol. 1 fr.
Staal (Mme de) : *Deux années à la Bastille.* 1 vol. 1 fr.
Sterne : *Voyage en France à la recherche de la santé*, traduit de l'anglais par *A. Tasset.* 1 vol. 50 c.
Thackeray : *Le diamant de famille* et *la Jeunesse de Pendennis*, traduits de l'anglais par *A. Pichot.* 1 vol. 1 fr.
Tresca : *Visite à l'Exposition universelle de Paris en 1855.* 1 fort volume in-16 de 800 pages, contenant des plans et des grav. 1 fr.
Ubicini : *La Turquie actuelle.* 1 v. 2 fr.
Ulbach (Louis) : *Les roués sans le savoir.* 1 vol. 2 fr.
Viardot (L.) : *Souvenirs de chasse.* 1 vol. 2 fr.
Viennet : *Fables complètes.* 1 vol. 2 fr.
Vitu (A) : *Contes à dormir debout.* 1 vol. 2 fr.
Voltaire : *Zadig.* 1 vol. 50 c.
Wailly (Léon de) : *Stella et Vanessa.* 1 vol. 1 fr.
— *Angelica Kauffmann.* 2 vol. 4 fr.
— *Les deux filles de M. Dubreuil.* 2 volumes. 4 fr.
Weill (Alex.) : *Histoires de village.* 1 vol. 2 fr.
Yvan (Dr) : *De France en Chine.* 1 v. 1 fr.
Zschokke (H.) : *Alamontade, ou le Galérien*, traduit de l'allemand par *E. de Suckau.* 1 vol. 50 c.
— *Jonathan Frock*, traduit par le même. 1 vol. 50 c.

Typographie de Ch. Lahure et Cie, rue de Fleurus, 9.

Paris. — Imprimerie de Ch. Lahure et Cie, rue de Fleurus, 9.

www.ingramcontent.com/pod-product-compliance
Lightning Source LLC
Chambersburg PA
CBHW071251160426
43196CB00009B/1242